La Alhambra

ARQUITECTURA • HISTORIA • PLANOS • LEYENDAS

Ediciones Miguel Sánchez

© *de la edición:* Ediciones Miguel Sánchez

Textos: Ana Sánchez y Ángel Sánchez
A excepción de los monográficos reseñados específicamente (*)

Fotografías: Ángel Sánchez
A excepción de las reseñadas específicamente (**)

Dibujos: Ana Campos y Carlos Quintanilla

Coordinación: Equipo editorial de Ediciones Miguel Sánchez

Diseño y maqueta: Susana Martínez Ballesteros

Fotomecánica: Paperlitos

Impresión: Gracor, s.l.

I.S.B.N.: 978-84-7169-137-8

Depósito legal: Gr-396/2014

(*) Rafael Hierro Calleja *Los pueblos musulmanes, dominadores de al-Ándalus (711-1492),* p. 18 • *Los Reyes Católicos, artífices de la unidad de los Reinos de España*, p. 52 • *Decoración y ornamentación (I): Técnicas, recursos y elementos decorativos de la arquitectura islámica*, p. 108 • *Decoración y ornamentación (II): Temas y motivos decorativos más frecuentes.* «Motivos epigráficos», p. 142; «Motivos vegetales», p. 143.

Antonio Marín *Decoración y ornamentación (II): Temas y motivos decorativos más frecuentes.* «Motivos geométricos», p. 144.

(**) Javier Algarra *Vista de Granada y Sierra Nevada*, pp. 12 y 13 • *Patio de los Arrayanes, pórtico norte*, p. 95 • *Salón de Embajadores*, p. 103 • *Salón de Embajadores*, p. 104 • *Techo del Salón de Embajadores*, p. 105 • *Sala de los Reyes*, p. 132 • *Sala de Vapor*, pp. 166 y 167.

Archivo de Ediciones Miguel Sánchez *Mirador de Lindaraja desde la Sala de Dos Hermanas,* p. 141 • *Baño del Sultán, en la Sala de Inmersión*, p. 169.

Guido Montañés *Rincón del Patio de Machuca*, p. 83 • *Vista del Palacio del Generalife y su entorno*, pp. 216 y 217.

Miguel Sánchez *Columnas del Patio de los Leones*, p. 68 • *Detalle de una de las nueve alcobas abiertas en los muros del Salón*, p. 102 • *Pinturas en cuero en la Sala de los Reyes*, pp. 134 y 135 • *Detalle de los muros de la Sala de Reposo*, p. 160 • *Sala de Reposo*, pp. 164 y 165.

A MIGUEL SÁNCHEZ (1921-1996)

Hay vida en los libros. Vida que nace cuando se gesta el proyecto
de convertir en realidad un sueño. Vida compartida
por quienes participan en su elaboración
y que todo lector propaga y multiplica.

Pero el alma del libro es algo más. Es la vida silenciosa
que anida en la sensibilidad con que el editor trabaja en la sombra,
eligiendo el papel adecuado, la letra idónea, la portada sugerente
y los detalles que imprimen carácter a la obra haciéndola distinta.

Desde 1951 hasta 1996, Miguel Sánchez, creador de esta editorial,
supo dar a sus libros la calidad que solo logran
los que aman el trabajo bien hecho.

Quienes asumieron el legado de su obra,
quieren rendirle un homenaje con la edición de este libro.

Índice

monográficos

Introducción al monumento

La Alhambra fue una auténtica ciudad palatina, amurallada e independiente de la ciudad de Granada. Construida por los sultanes nazaríes ya en el último periodo de dominación musulmana en la Península Ibérica.

PÁGINA

UN POCO DE HISTORIA

La Alhambra (Qal'at al-Hamra, castillo rojo) fue el baluarte del último reino musulmán de la Península Ibérica: el Reino Nazarí de Granada (1238-1492). Desde aquí la frágil monarquía nazarita, asediada militar y económicamente por los reyes cristianos, a quienes pagaba tributo, supo resistir durante dos siglos y medio, a la vez que alcanzaba su máximo esplendor cultural y científico. La hábil política diplomática, los recursos naturales, el desarrollo de la industria y el comercio exterior, fueron las claves de la larga permanencia del reino nazarí. Los sultanes nazaríes, construyeron la Alhambra e hicieron de Granada una de las más bellas e importantes ciudades de la época.

Mohamed al-Ahmar, fundador de la dinastía nazarí, tomó la sabia decisión de abandonar los palacios de la bulliciosa, intrigante e insegura Al-

Vista de la Alhambra y Sierra Nevada

cazaba Cadima (Vieja) en el Albaicín y trasladar su residencia a la otra vertiente del río Darro, a la cumbre del cerro llamado la «Sabika», enclave más seguro y estratégico. Para ello canalizó las aguas del río conduciéndolas por la «Acequia Real» hasta la árida colina, y restauró la vieja fortaleza allí ubicada desde del siglo IX. Comienza a dibujarse en el paisaje de Granada la silueta de la Alhambra. Una vez consolidados el reino y la defensa militar, los monarcas por excelencia constructores de la Alhambra fueron Yusuf I (1333-1353) y su hijo Mohamed V (1353-1391) y el siglo XIV la época dorada del reino nazarí. Durante la siguiente centuria se inició un periodo sombrío e inestable que culminó con la conquista del Reino de Granada por los Reyes Católicos. Tras diez años de dura confrontación (1482-1492), el 2 de enero de 1492 Boabdil, el último rey de la Alhambra, entregó las llaves de la ciudad a los Reyes Católicos.

Rendición de Granada*, 1880-1881. Obra de Francisco Padilla.*

La belleza escondida en los palacios alhambreños fascinó a los conquistadores cuando tomaron la ciudad. El recinto de la Alhambra pasó a propiedad de los reyes cristianos, quienes la habitaron y conservaron viva como símbolo del nuevo poder. Gracias a ello se conserva aún el único palacio árabe medieval existente en nuestros días.

Estos reyes ocuparon la Alcazaba, los amurallamientos y la Casa Real Nazarí (Mexuar, Palacio de Comares y Palacio de los Leones). El resto de palacios y residencias de la Alhambra los repartieron entre su corte, otorgando a la ciudad alhambreña su propia jurisdicción, independiente de la de Granada, y poniendo como alcaide de la misma al Conde de Tendilla. Los habitantes cristianos de esta ciudad palatina crearon una especie

de pequeña corte que conservaría y habitaría el resto de las casas y palacios adoptando incluso muchas costumbres musulmanas. La población estuvo entonces formada por una curiosa mezcolanza de cristianos y moriscos (musulmanes que para poder permanecer en España adoptaban la religión católica, en muchos casos sólo aparentemente).

Con la llegada de los Borbones a la Corona de España, la Alhambra cayó en desgracia. Sus habitantes habían apoyado a la Casa de Austria en el conflicto sucesorio que hubo por la Corona de España, entre 1700 y 1713, por lo que no despertaron precisamente la simpatía de la nueva familia real española. Cuando las tropas francesas invadieron España, entre los años 1808 y 1812, ocuparon la Alhambra convirtiendo sus palacios en cuarteles. En su retirada minaron algunas torres, destruyendo parte de las mismas y casi toda la medina.

Por estos últimos avatares, durante los siglos XVIII y XIX la Alhambra cayó en un estado lamentable de absoluto abandono. Así la encontraron los viajeros y artistas románticos que llegaron a Granada cuando clavaron en ella su mirada poética y ensoñadora del pasado, quedando fascinados por el exotismo del recinto y el paisaje que lo envolvía. Testigos excepcionales que reclamaron su recuperación a la vez que difundieron por el mundo la singular imagen de Granada, especialmente Washington Irving con sus *Cuentos de la Alhambra*.

La Alhambra es declarada Monumento Nacional en 1870 y en 1984 Patrimonio de la Humanidad.

U N A   C I U D A D   P A L A T I N A

La Alhambra era una ciudad palatina independiente y adosada a la ciudad de Granada. Dentro de su recinto fortificado encerraba una ciudad al servicio de los sultanes, organizada en tres sectores: la Alcazaba, los Palacios y la Medina.

Esta ciudad palatina de unas diez hectáreas de superficie en la cumbre de una pelada colina, y sólo visible al exterior por el perímetro de torres ensambladas en la muralla, quedaba inaccesible para la mayor parte de los habitantes del Reino de Granada. Los torreones defensivos servían a su vez de viviendas, almacenes o puertas, y sobresalían vigilantes del lienzo de su

Vista de Granada y Sierra Nevada, *1837. Litografía según Girault de Prangey.*

doble muralla donde cuatro puertas, dispuestas en recodo bajo las torres y muy bien vigiladas, daban acceso al interior de la misteriosa Alhambra. Una vez dentro otras puertas de acceso más directo, también custodiadas, abrían paso hacia los distintos sectores del recinto.

A extramuros de la ciudad palatina se encuentra el Generalife: finca y palacio de recreo, independiente de la Alhambra que utilizaban los sultanes nazaríes como lugar de retiro y descanso.

De estas cuatro puertas intercaladas en la muralla, dos estaban en la parte occidental: la de la Justicia y la de las Armas, y cubrían el acceso a la Alcazaba y los Palacios. Las otras dos estaban en la parte oriental: la de los Siete Suelos, que era el acceso a la Medina o barrio del pueblo y la del Arrabal, que era la salida hacia el Generalife.

Dentro del recinto había dos sectores bien diferenciados: «La Alhambra Alta», en el sector sudeste, y la «Alhambra Baja», en el noroeste, comunicados por dos calles o arterias principales: la calle Real Alta[1] y la calle Real Baja[2]. En el centro se encontraba la Mezquita Mayor que, como en todas las ciudades musulmanas, suponía el eje en torno al cual giraba la actividad de la ciudad.

NOTAS

1 La calle Real Alta nacía junto a la Puerta del Vino. Pasaba por la parte meridional de lo que hoy es el Palacio de Carlos V, por la actual calle Real y por el paseo que recorre el Secano, hasta llegar a la Torre del Cabo de la Carrera.

2 La calle Real Baja transcurría paralela a la Alta. Partía de la desaparecida plaza de Comares y pasaba por la fachada sur del Mexuar y los palacios de Comares y Leones, atravesando el Partal hasta llegar a la Torre de los Picos (Puerta del Arrabal), en donde finalizaba.

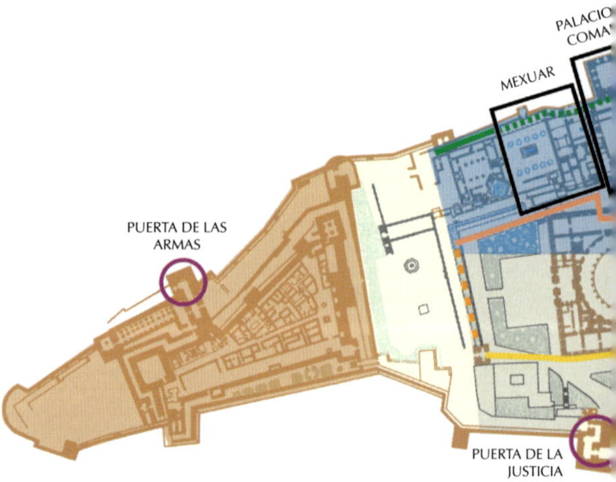

ZONA MILITAR, donde residía la guarnición encargada de la seguridad de la ciudadela.

ZONA RESIDENCIAL Y PALATINA, ocupada por la familia real, en la que se desarrollaba la vida oficial de la corte. Además de los tres palacios que configuraban la Casa Real Nazarí, en esta zona hubo otros palacios y casas nobles, lo que hace pensar que aquí residirían las familias más ilustres de la Alhambra.

ZONA CIVIL, mediana o barrio del pueblo, donde viviría la mayor parte de la población: funcionarios, sirvientes, artesanos y demás habitantes, todos ellos encargados de cubrir las necesidades y el buen funcionamiento de la ciudad. Por la cantidad de restos arqueológicos encontrados se sabe que la zona más poblada, en lo que hoy se conoce como el Secano, se corresponde con la superficie en la que la coloración es mas intensa.

Había igualmente tres zonas o barrios en función de la actividad o estrato social de quienes residían en ellos. La zona donde residía el pueblo era la Medina (ciudad), situada en su parte más poblada, en lo que hoy conocemos como «el Secano», en la Alhambra Alta. La zona donde vivía la guarnición encargada de la seguridad estaba en la Alcazaba y también en las torres y puertas intercaladas en la muralla. La nobleza y clase alta vivían en la zona residencial y palatina, que además de los tres palacios (Mexuar, Comares y Leones), ocupaba parte de la zona del Partal, en la Alhambra Baja.

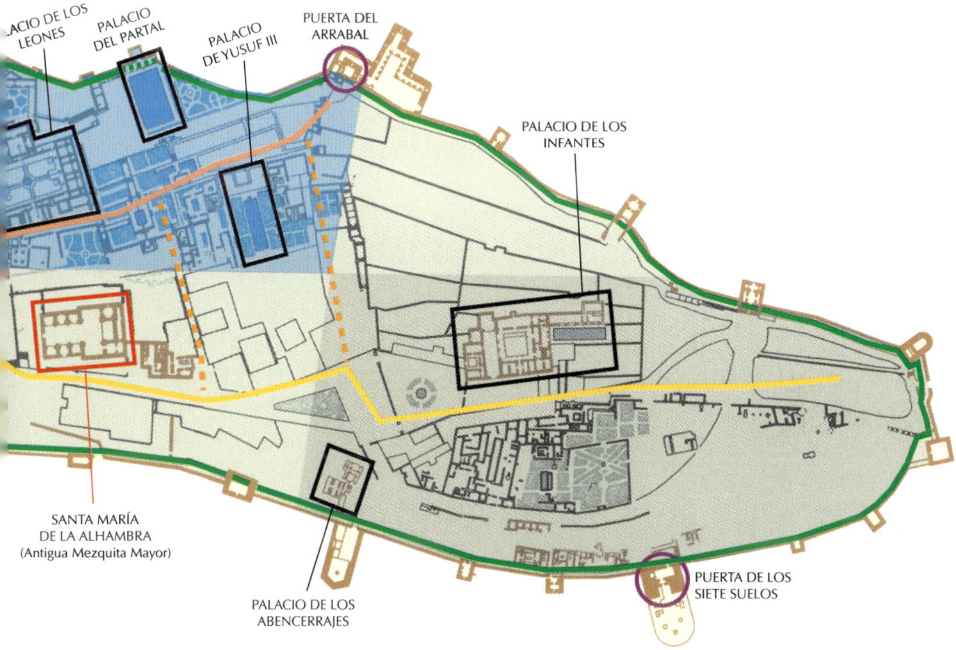

CALLE DE CIRCUNVALACIÓN o CAMINO DE RONDA. Rodea todo el recinto, pegada a la cara interna de la muralla, pasando junto o por debajo de las torres.

CALLE REAL BAJA. Atravesaba la zona palatina de un extremo a otro. El trazado de esta calle es cierto y seguro en la mayoría de sus tramos. En otros, es una reconstrucción aproximada.

CALLE REAL ALTA. Cruzaba toda la medina. Era la más las larga y seguramente la más transitada de toda la Alhambra. Al igual que en el caso de la calle Real Baja, el trazado delimitado es una aproximación a partir de los estudios y de los tramos cuya certeza sí que se tiene constatada. Parte de su trazado coincide con la actual «calle Real de la Alhambra».

CALLES SECUNDARIAS. Son las más difíciles de delimitar, aunque se sabe que las hubo y que sirvieron para comunicar las calles Alta y Baja.

Información para la visita

Es muy importante saber que, por razones de conservación, la hora de acceso a la zona de los Palacios Nazaríes aparece delimitada en el billete. Fuera de esta hora no se permitirá la entrada a ellos, por lo que deberemos tener en cuenta esta circunstancia desde el momento en que adquiramos el billete o hagamos la reserva on-line.

El billete de visita general a la Alhambra da acceso a todas las partes abiertas al público. El recorrido se estructura en tres espacios principales e independientes y en la transición de uno a otro se visitan todos los demás:

- *ALCAZABA*
  Se accede desde su lado este, junto a la Plaza de los Aljibes. **1**

- *PALACIOS NAZARÍES*
  La entrada se encuentra junto al costado norte del Palacio de Carlos V **2**
  (*tener en cuenta la hora que marca en el billete*).

- *GENERALIFE*
  Tiene varios accesos posibles dependiendo de cuando lo visitemos, antes o después del recorrido a los palacios, y desde qué parte del recinto accedamos a él:

Dibujo de Carlos Quintanilla

AL MONUMENTO

a. Por la entrada principal (pabellón de entrada) **3**

b. Desde el control que hay junto al Parador de San Francisco, atravesando el CAMINO DEL SECANO. **4**

c. Al salir de los Palacios, recorriendo el PASEO DEL PARTAL Y LAS TORRES. **5**

CAMINO DEL SECANO

PASEO DEL PARTAL Y LAS TORRES

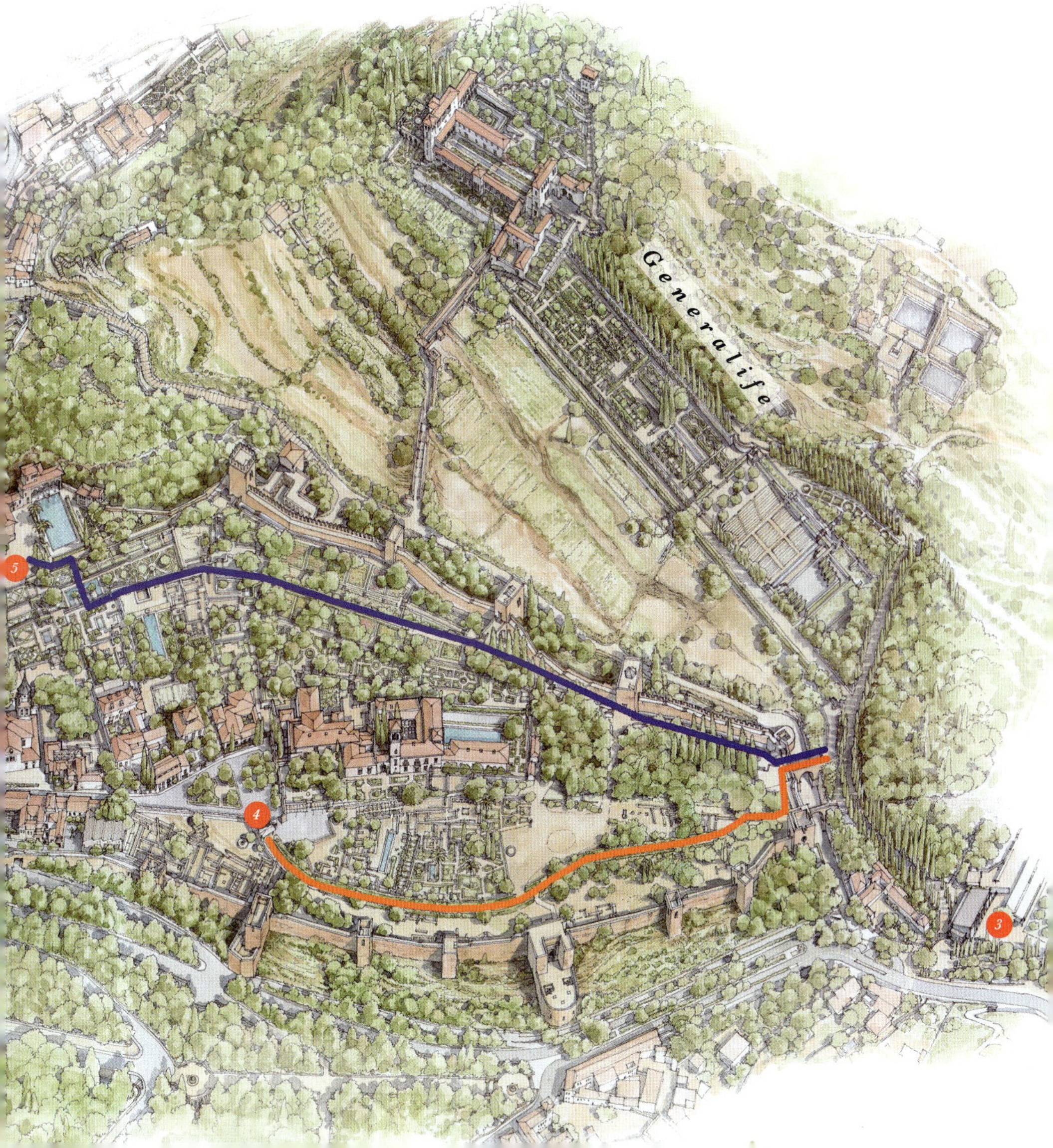

Los pueblos musulmanes, dominadores de al-Ándalus (711-1492)

La conquista de al-Ándalus por los musulmanes, pues así es como llamaron al territorio de la Península Ibérica que hoy es España, se caracterizó por su rapidez y facilidad. A comienzos del siglo VIII, el reino visigodo que dominaba España estaba muy debilitado por la corrupción y lucha de sus gobernantes, lo que supuso que la ocupación de los territorios por parte de los musulmanes, procedentes del otro lado del Estrecho, fuera muy rápida. Las comunidades de cristianos y judíos existentes fueron toleradas a cambio de tributos, con lo que la población de al-Ándalus resultó así una mezcolanza de razas y credos.

A priori, costaría entender cómo los pueblos musulmanes, que tenían la «guerra santa» como uno de sus preceptos religiosos fundamentales, permitían coexistir otras religiones en los pueblos que ocupaban. La explicación está en que la judía y la cristiana eran también religiones monoteístas, emparentadas con el Islam a través de Abraham (padre de las tres religiones). Es más, los musulmanes llamaban a judíos y cristianos *Ahl-al-kitab*, que significa «gentes del libro» (la Biblia), de la que incluso ellos asumieron parte de sus tradiciones y revelaciones anteriores al mensaje de Allah. Es por esto por lo que les otorgaron un estatus especial.

Pero si hay algo que caracterizó la estancia de los musulmanes en al-Ándalus fue la fragmentación y debilidad de sus territorios, que hizo que esta no fuera nunca una dominación pacífica. Eran tiempos de continuas guerras; ya fuera con los cristianos, que poco a poco iban estrechando el cerco por el norte, ya fuera con los propios musulmanes, unas veces del mismo al-Ándalus, otras, de tribus procedentes del norte África que continuamente les invadían por el sur. Esta circunstancia supuso que para poder mantener la paz en los territorios sus dominadores tuvieran que acudir a políticas de pactos y alianzas. La dominación de al-Ándalus y por consiguiente de Granada a lo largo de estos ocho siglos pasó por varios periodos diferenciados:

Emirato dependiente (711-756)

En el año 711, siete mil guerreros musulmanes, en su mayoría bereberes, dirigidos por Tariq Ibn Ziyab, cruzan el Estrecho de Gibraltar y vencen a Don Rodrigo (rey visigodo) en las proximidades de Algeciras. Esta será la primera de otras muchas victorias que supondrían una rápida islamización del país. En este primer periodo los territorios conquistados estaban regidos por gobernadores que respondían directamente ante el Califa de Damasco.

Emirato independiente (756-929)

Este periodo nace en torno a la figura de Abd-al-Rahman I (de la Dinastía Omeya), quien desembarca en Almuñécar, en la costa granadina, se hace dueño de Sevilla y, en las proximidades de Córdoba, derrota al emir de al-Ándalus, instaurando de esta forma el emirato independiente. Abd-al-Rahman I gobernó como soberano independiente sin tener que rendir cuentas a nadie, creando un estado organizado y próspero que casi duró doscientos años.

Califato (929-1013)

Se inicia con Abd-al-Rahman III, que se proclama califa y príncipe de los creyentes e instaura el Califato de Córdoba. En esta época Córdoba alcanzaría su máximo esplendor. Mientras Granada permanecería en un segundo plano, sumisa al Califato.

Reinos de Taifas: el Reino Zirí de Granada (1013-1090)

Cuando se produce el hundimiento de los Omeyas y del Califato de Córdoba, a principios del siglo XI, al-Ándalus quedó fraccionada en minúsculos reinos o gobiernos llamados «Reinos de Taifas», dominados cada uno de ellos por una familia o dinastía que muy frecuentemente combatían unos contra otros. En Granada se asentaron los ziríes, siendo cuatro los reyes de esta dinastía, bajo cuya dominación fue trasladada la capital del territorio de la desaparecida ciudad de Elvira a Granada, que con ellos nació como reino.

Almorávides y almohades (1090-1231)

Podría calificarse este periodo como el del «dominio bereber», que trajo un mayor fanatismo religioso y supuso una regresión cultural. Los *almorávides* eran bereberes del desierto recién convertidos al islamismo, que procedentes del norte de África entraron en al-Ándalus, muy debilitada ya por las contínuas luchas de los emires taifas andaluces, barriendo de manera impetuosa a los ziríes. La historia volverá a repetirse y aparecerá de nuevo otra tribu de bereberes procedentes del norte de África, los *almohades*, que dominaron la España musulmana hasta el primer tercio del siglo XIII.

Este siglo va a marcar el ocaso de los musulmanes en al-Ándalus, que verán reducidos sus dominios por la acción poderosa de Castilla y Aragón.

Los Nazaríes del Reino de Granada (1238-1492)

Esta fue la última dinastía musulmana reinante en España y surgió en torno a la familia de Nasar o Nazaritas que residía en Arjona. De entre ellos destaca la figura de Muhammad (llamado Ibn Yusuf Ibn Nasar Ibn al-Ahmar) que fue el gran oportunista de aquella época de agitaciones y luchas, en la que caudillos, más o menos improvisados, aspiraban al dominio de la región. Tras diferentes victorias en una serie de territorios, al-Ahmar fue adquiriendo popularidad entre los musulmanes, acrecentada si cabe por las paulatinas derrotas sufridas por sus rivales, a los que los cristianos iban poco a poco reconquistando territorios.

Al-Ahmar, también conocido como «el Magnífico», entró en Granada en el año 1238. Esta fecha es, a efectos cronológicos, la que se considera como inicio del Reino Nazarí de Granada. Este reino, último de la España musulmana comprendió las actuales provincias completas de Granada, Málaga y Almería; y parte de las de Jaén, Córdoba, Sevilla y Cádiz.

Muhammad I (al-Ahmar) se declaró vasallo del rey Fernando III de Castilla, con lo que Granada aseguró su estabilidad y permanencia. Pero sin duda alguna, Muhammad I pasó a la historia por haber iniciado la construcción de la Alhambra.

Subida a la Alhambra

De los varios accesos posibles al monumento, el mejor es el que transcurre por el bosque de la Alhambra, por su belleza monumental y paisajística.

PÁGINA

P U E R T A   D E   L A S

Puerta de las Granadas

Fuente del Tomate, en el Bosque de la Alhambra.

GRANADAS

Detalle de la Puerta de las Granadas

Entre los posibles accesos a la Alhambra, por su valor paisajístico e histórico, la subida desde Plaza Nueva por la Cuesta de Gomérez es la más emblemática. Al finalizar la cuesta nos sale al paso, majestuosa y triunfal, la Puerta de las Granadas. El emperador Carlos V la mandó construir en la muralla que unía la Alcazaba al castillo de Torres Bermejas en el cerro del Mauror, en sustitución de una antigua puerta árabe. Edificada en 1536 por Pedro Machuca según los cánones del estilo renacentista, destacan, además del almohadillado y el escudo imperial del frontón, el símbolo de la ciudad: las tres grandes granadas que la rematan y le dan nombre.

BOSQUE DE LA ALHAMBRA

*Puerta de Bibrambla,
en el Bosque de la Alhambra.
Fue traída a este lugar
desde su enclave original
en la ciudad.*

Bosque de la Alhambra

Traspasada la puerta, el Bosque de la Alhambra, centenario y frondoso, acoge al paseante y envuelve los caminos en un halo de misterio. Esta foresta no existía en época medieval dado el carácter militar de la ciudadela; posteriormente fue tomando forma con las más variadas especies: olmos, castaños de indias, tilos, arces... En «la cumulosa oleada de verdor profundo de los paseos en cuesta de la Alhambra» [Juan Ramón Jiménez] el agua corre y murmura por canalillos y surtidores.

Se recomienda subir, bien por la cuesta de la izquierda, más directa y empinada, o por el paseo central. En la primera está el monumento a Washington Irving y salpicados por el paseo central se encuentran la Puerta de Bibrambla, la Fuente del Tomate y el monumento a Ángel Ganivet, intelectual granadino de la Generación del 98. Desde este punto, siguiendo la ruta que bifurca hacia la izquierda, y orientados por el rumor del agua se llega también a la explanada de la Puerta de la Justicia y al Pilar de Carlos V.

Acequia de la Alhambra

Pilar de Carlos V

Pilar de Carlos V

Detalle ornamental del Pilar

Una de las joyas del renacimiento granadino, fue diseñada por Pedro Machuca y construida por Nicolao da Corte en 1545. El agua fluye de tres mascarones que representan los tres ríos de Granada: Darro, Genil y Beiro. Sobre ellos hay una cartela en latín alusiva al Emperador Carlos V y en la parte superior el escudo imperial. Presenta además otros motivos decorativos como unos niños arrojando agua con caracolas y escenas mitológicas.

Puerta de la Justicia

Llamada al-Sharía por los nazaríes, es desde 1348 en tiempos de Yusuf I, la más importante y grandiosa de las entradas al recinto amurallado de la Alhambra. Forman la entrada dos amplios arcos de herradura en cuyas claves aparecen, respectivamente, una mano y una llave, símbolos islámicos que representan los cinco preceptos del Corán y la llave del Paraíso. Sobre el segundo arco, encima de la inscripción árabe dedicada al fundador de la puerta, colocaron los Reyes Católicos una imagen de la Virgen con el Niño, obra de estilo gótico alemán del siglo XV, como expresión simbólica del nuevo poder cristiano. Es una copia, la figura original se encuentra en el Museo de Bellas Artes de Granada.

El carácter defensivo de esta torre-puerta queda visible en el gran hueco que hay entre sus arcos, para lanzar proyectiles sobre los asaltantes, y en la entrada en recodo con asientos para los guardianes. La fachada posterior es modesta con un arco de herradura y unos interesantes restos de cerámica esmaltada.

Puerta del Vino

Se cree que el nombre procede de cuando se depositaba aquí el vino para consumo de los habitantes de la Alhambra (desde 1556). Sin embargo, esta puerta llamada en su origen Bib al-hamra (roja) pudo confundirse después con al-jamra (vino). Tiene una entrada directa, sin recodo defensivo, y daba acceso a la calle Real Alta, el corazón de la Medina. Esta quedaba encerrada y aislada de los palacios de los sultanes y de la fortaleza. En la doble fachada de la puerta destacan los arcos de herradura apuntados y las dobles ventanas del piso superior. Contrasta la diferente ornamentación de ambas, siendo más austera y antigua la que mira a la Plaza de los Aljibes.

Puerta del Vino

Puerta de la Justicia

La Alcazaba

Fue la primera de todas las contrucciones
que se realizaron en la Alhambra.
Al abrigo de ella y de la muralla
se hicieron todas las demás.

PÁGINA

Es la parte más antigua de la Alhambra, construida sobre los restos de un antiguo castillo; al abrigo de ella y de la muralla irían surgiendo las demás construcciones del recinto. Cuando al-Ahmar accede al trono de Granada en 1238 decide salir del Albaicín, donde hasta entonces habían vivido los reyes de Granada, en la *Alcazaba Vieja* o *Alcazaba Cadima*. Elige como lugar donde fijar su residencia la colina de enfrente, la de la Sabika, fuera de la ciudad de Granada, separada de ella por el valle del río Darro. Pero desde la que se controlaba y se sentía de una manera muy próxima la ciudad y sus habitantes.

Era una zona de uso militar desde la que se defendía toda la ciudad palatina de la Alhambra. De forma triangular, en la zona central se encuentra el barrio castrense, donde residían los oficiales y parte de la guardia. Está cerrada por una doble muralla jalonada de torres que dibuja la línea quebrada de la fortaleza y esconde un foso o corredor de ronda entre sus adarves[1].

La Alcazaba vista desde el Albaicín

La Alcazaba se ha ido transformando a través del tiempo con las intervenciones de sus diferentes moradores. En su núcleo primitivo, delimitado por la cerca más interior, comenzó a vibrar la Alhambra. Poco a poco fue mejorando su poder defensivo: se levantaron torres estratégicamente situadas entre varias murallas superpuestas y un corredor de ronda. Los cristianos también dejaron su impronta construyendo baluartes[2], e incluso jardines cuando ya desde esta fortaleza no había nada que defender.

NOTAS

[1] *Adarve*: Camino situado en lo alto de una muralla detrás de sus almenas.

[2] Los musulmanes granadinos nunca tuvieron acondicionada la Alhambra para los avances que trajeron las máquinas más modernas de artillería. Fueron los cristianos, tras la conquista, los que emprendieron una serie reformas en la Alcazaba y en algunas torres de la muralla, mediante la construcción de baluartes. El baluarte es un reducto fortificado que se proyecta hacia el exterior del cuerpo principal de la fortaleza, generalmente en las esquinas. Servían para resistir mucho mejor el castigo artillero de las tropas enemigas y como plataforma en la que colocar la artillería propia.

Torres del Homenaje y de la Quebrada.
Pueden apreciarse también la doble muralla y el foso.

Corredor de Ronda
del sector noreste

Foso de la Alcazaba.
Al fondo,
la Torre de la Vela.

LA ALCAZABA

Dibujo de Carlos Quintanilla

1. *Torre de la Quebrada*
2. *Torre del Homenaje*
3. *Torre del Cubo*
4. *Barrio Castrense*
5. *Puerta de las Armas*
6. *Torre de la Vela*
7. *Torre de los Hidalgos*
8. *Baluarte del Darro*
9. *Torre de la Pólvora*
10. *Torre de la Sultana*
11. *Jardín de los Adarves*
12. *Torre del Adarguero*

3
2
1
Entrada
4
12
11

EL PAISAJE DE LA

*Visto desde la Alhambra, el Albaycín es como un huracán de belleza,
una dulce amenaza que acosa y que deslumbra.*

[RAFAEL GUILLÉN. *Granada, invención del aire.*]

La Alcazaba, desde las distintas torres que jalonan su recorrido, es hoy el primer mirador de Granada. El paisaje es aquí el auténtico protagonista que acompaña nuestros pasos... *El Albaicín*, donde las vistas atraen y fascinan: cármenes, iglesias, palacios, conventos y abigarrado caserío salpicado de verdor combinan con sorprendente armonía, arquitectura y naturaleza sobre el solar de la antigua medina musulmana.

El Albaicín desde la Alcazaba

La ciudad baja, en la que conviven edificios modernos con iglesias y palacios nobles, símbolos del esplendor de la cristiandad, que quisieron construir aquí en Granada los Reyes Católicos y sus descendientes tras la conquista.

Sierra Nevada y la *Vega granadina*, que cambian su color y su vista en cada estación del año, en cada hora del día…

Barrio Castrense

Es el lugar donde residía la guardia de élite del sultán y parte de los soldados encargados de la defensa de la Alhambra. Se encuentra en el núcleo de la Alcazaba, rodeado de adarves y torres. Distribuidos a ambos lados de lo que sería una calle central se conservan restos de las viviendas, talleres,

Barrio Castrense y las torres del sector este (Homenaje y Quebrada)

silos y almacenes, hornos y mazmorras, así como los baños y el aljibe de agua que los abastecía. En estas ruinas se puede apreciar la disposición típica de una casa musulmana: entrada, pequeño patio, habitaciones alrededor del mismo y letrina.

Torre del Homenaje desde el Barrio Castrense. Abajo, la misma torre con el Generalife al fondo.

Torre del Homenaje

Es muy habitual encontrar una torre del homenaje en todos los castillos medievales en la que generalmente vivía el jefe la fortaleza. Esta torre solía ser desde el punto de vista estratégico el último refugio dentro de una fortificación y la mejor defendible con una cierta autonomía dentro del castillo. Es la más alta de la Alhambra con seis pisos, desde donde se domina la ciudad y el territorio circundante. Disimulada entre sus muros, en la última de sus plantas, hay una pequeña vivienda con cuatro habitaciones y un patio interior, que se piensa podría haber ocupado al-Ahmar, el primer sultán nazarí, en algunos momentos. De estudios arqueológicos se desprende que pudiera haber sido construida sobre restos de otra torre precedente mucho más antigua, del siglo IX.

En la parte baja de esta torre, en el vértice noreste, separada de ella por la calle de ronda, los cristianos levantaron la TORRE DEL CUBO, baluarte del siglo XVI construido sobre la antigua torre musulmana de la Tahona, que quedó oculta en su interior. Los baluartes de la Alhambra, al igual que este, son refuerzos defensivos cristianos.

Torre del Cubo desde el interior del foso

Puerta de las Armas

Esta torre, de finales del siglo XIII, es una de las cuatro puertas exteriores intercaladas en la muralla que recorre todo el perímetro de la Alhambra. En época Nazarí fue muy importante, por ser el acceso más directo entre la Alhambra y el Albaicín. Por aquí accedían los súbditos a la ciudadela y los palacios para resolver sus asuntos burocráticos y ser atendidos por el sultán o el personal de su gobierno. Si bien, antes de entrar debían deponer las armas (de ahí el nombre) y atravesar un trecho del corredor de ronda fuertemente vigilados por los guardianes desde los adarves. Su arquitectura interior quebrada y en recodo declara claramente su función defensiva y su carácter militar. Pero esta puerta, al ser el principal acceso de la Alhambra, cumplía además otra función civil, la de distribuir el tránsito en dos direc-

Puerta de las Armas. Acceso habitual a la ciudadela para los súbditos del Albaicín.

ciones. Por esta razón, al otro lado ofrece dos salidas: una hacia la alcazaba y otra hacia la medina y los palacios. Esta función civil y una mayor circulación de personas justifican que la puerta, a diferencia de otras edificaciones con un único uso militar, presente una mayor ornamentación, apreciable tanto en la decoración del arco de herradura de la fachada exterior, como en las bóvedas del interior, divididas en tres tramos. Las bóvedas del primer y tercer tramo son de gallones y están pintadas simulando ladrillos.

La torre sobresale del lienzo de la muralla para prevenir el peligro y hostigar a los intrusos. Desde la terraza se observa de manera muy clara el sistema defensivo de la Alhambra (la doble muralla, foso o corredor de ronda y torres).

Detalle de la bóveda de gallones que cubre la Puerta de las Armas

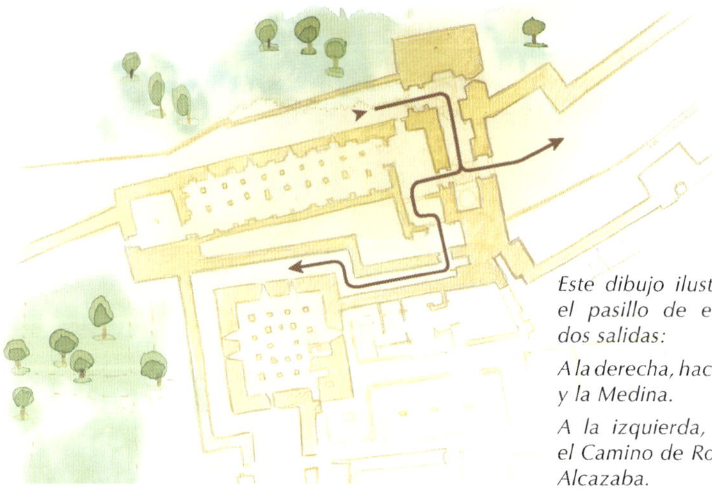

Dibujo de Ana Campos

Este dibujo ilustra como tras el pasillo de entrada había dos salidas:

A la derecha, hacia los palacios y la Medina.

A la izquierda, tras recorrer el Camino de Ronda, hacia la Alcazaba.

Interior de la Puerta de las Armas

Torre de la Vela desde el Baluarte del Darro

[3] Hay una curiosa tradición en relación con la campana de la Torre de la Vela y este día del 2 de enero. Cada año, ese día, suben a la terraza de la torre muchas mujeres granadinas solteras a tocar la campana, para así encontrar marido.

[4] El revellín es una edificación triangular situada frente al cuerpo de la edificación principal —generalmente al otro lado del foso— cuyo objeto era dividir la fuerza atacante y proteger los muros de cortina.

Torre de la Vela

Esta torre, llamada Torre Mayor en época nazarí, es la atalaya privilegiada sobre la depresión de Granada y también la más emblemática para los granadinos. La panorámica se abre en abanico hacia las majestuosas cumbres de Sierra Nevada y hacia la Vega por donde avanza inexorable el caserío urbano. Tiene cuatro plantas distribuidas en vivienda, almacén y sótano con mazmorra. Estaba, como casi todas las torres de la Alhambra, coronada de almenas en tiempos nazaríes. Desde este enclave se vigilaba y controlaba, mediante un sistema de torres y fortalezas diseminadas por lugares estratégicos, el extenso territorio del Reino de Granada. En esta torre, según cuenta la tradición, fueron puestos los estandartes de los Reyes Católicos cuando entraron en la Alhambra para que pudieran ser vistos por todos los habitantes de la ciudad. La campana se colocó tras la conquista. Desde entonces su sonido en la espadaña ha marcado los ritmos de la ciudad y los riegos de la vega. Todavía suena en ocasiones especiales y en la fiesta del 2 de enero[3], día conmemorativo de la toma de la ciudad por los Reyes Católicos.

La terraza de esta torre es el mejor lugar para apreciar el REVELLÍN[4], también llamado BALUARTE DE LA MEZQUITA DE SOBRE DARRO, el más grande de todos los baluartes de la Alhambra, que fue mandado construir por los Reyes Católicos en el costado más occidental de la Alcazaba y que visto en el conjunto de la fortaleza se asemeja a la proa de un barco.

Jardín de los Adarves y Torre de la Sultana

JARDÍN DE LOS ADARVES

Dale limosna mujer, que no hay en la vida nada
como la pena de ser ciego en Granada.

[FRANCISCO DE ICAZA]

Es la zona que más transformaciones ha sufrido a lo largo de los años. Tras la conquista, también se emprendieron en este flanco sur reformas orientadas a mejorar las defensas. Se rellenó de tierra su foso con la idea de hacer aquí una plataforma para la artillería y se levantó una nueva muralla más moderna. Posteriormente esta zona fue ajardinada, coincidiendo con la finalización de la guerra con los moriscos, que se habían sublevado y que como perdedores fueron expulsados definitivamente en los primeros años del siglo XVII. Se convirtió en uno de los lugares más bellos de la Alhambra. Un espacio militar rudo y austero se torna en lugar de deleite: ventana abierta hacia la sierra, el bosque, el cerro del Mauror y Torres Bermejas.

Torre de la Pólvora en el Jardín de los Adarves. Al fondo, Torres Bermejas.

Los Reyes Católicos, artífices de la unidad de los Reinos de España

Antes de la llegada al trono de Isabel y Fernando, el territorio que configura España estaba dividido en cuatro Reinos independientes: Castilla, Aragón, Navarra y Granada. Castilla y Aragón ocupaban juntos casi el setenta por ciento del territorio. El Reino de Navarra era el más pequeño y menos poblado de todos; y el Reino de Granada, último territorio en poder de los musulmanes que quedaba en la Península, el más deseado. Isabel y Fernando, no sólo consiguieron la unidad de España bajo la regencia de una única monarquía reinante, sino que, merced unas veces a su política diplomática y matrimonial (casaron a sus hijos con herederos al trono de las principales Casas Reales de Europa) y otras, a las victorias militares, extendieron sus dominios fuera de las fronteras españolas.

Hay dos acontecimientos que marcaron las vidas y la acción política de estos reyes y que fueron decisivos en la consecución de la unidad de los reinos de España y en su nacimiento como estado moderno: *su matrimonio y la Conquista del Reino de Granada.*

El matrimonio de Isabel y Fernando y la unión de sus respectivas Coronas (Castilla y Aragón)

Hasta 1469, fecha en que se celebra su matrimonio, Isabel y Fernando tuvieron que superar un sinfín de dificultades. Para empezar, eran primos segundos, por lo que para poder casarse necesitaban obtener una bula pontificia. Por otro lado, Isabel tenía varios pretendientes a su mano mucho más importantes que Fernando a los ojos de los nobles castellanos: el rey Alfonso de Portugal, el duque de Guyena (hermano del Rey de Francia) y el duque de Gloucester (hermano del Rey de Inglaterra); además de algún otro entre los españoles. Para acrecentar las dificultades, Fernando no era querido por los nobles castellanos, al ser vetado por el hermano de Isabel, Enrique IV «el Impotente», Rey de Castilla, y por el todopoderoso marqués de Villena.

¿Qué hacer ante tan grandes problemas? Fernando contaba con la ayuda de su padre, Juan II de Aragón, y de su abuelo materno, don Fadrique Enríquez, almirante de Castilla. Pero además, atrajo para sí al temible arzobispo de Toledo, don Alonso Carrillo, que sería a la postre el artífice de su boda. Por lo pronto, Juan II de Aragón, para dar más valor a su hijo ante Isabel y los nobles de Castilla, le nombra Rey de Sicilia, título con el que se casaría.

Era tal la oposición contra Fernando que el malvado marqués de Villena trató incluso de secuestrar a Isabel para casarla con Alfonso V de Portugal. Al mismo tiempo, trató de impedir la entrada de Fernando en Castilla, donde iba a conocer a Isabel, pues al parecer ya tenían acordado un posible matrimonio. Fernando utilizó su ingenio entrando en Castilla disfrazado como un «mozo de mulas» y sin más séquito que cuatro amigos. Por fin, así pudo producirse el encuentro entre ambos jóvenes que se comprometieron en matrimonio.

Quedaba por resolver el problema del parentesco entre ambos. El arzobispo Alonso Carrillo hizo una bula falsa bajo cuya dispensa pudo celebrarse la boda en 1469. La bula auténtica fue dada por el Papa Sixto IV en 1471, dos años después.

La conquista del Reino Nazarí de Granada

Isabel y Fernando, a pesar de la ajetreada vida que les tocó vivir y que les mantenía ocupados todo el tiempo, nunca apartaron su pensamiento de Granada. Les valió como excusa para iniciar la guerra que el Rey de Granada, Muley Hacen, se había negado a pagarles los 150.000 maravedíes que tenía estipulados como tributo y que este había iniciado las hostilidades, tomando por sorpresa la ciudad de Zahara (Cádiz) en 1481. Supieron aprovecharse también los astutos reyes cristianos de las luchas de poder e intrigas que entonces había en la corte granadina entre el rey Muley Hacen, su hijo (Boabdil) y su hermano (el Zagal).

Iniciaron una primera ofensiva, como respuesta a la afrenta de Muley Hacen, tomando la importante ciudad de Alhama en 1482, en la frontera del reino granadino. En la Batalla de Lucena hicieron prisionero a Boabdil y, aunque luego lo liberarían, sería a cambio de que este se proclamase vasallo de Castilla. Poco a poco las ciudades más importantes del Reino irían cayendo en poder de Fernando e Isabel: Ronda en 1485, Loja en 1486, Vélez-Málaga y Málaga en 1487. Entre 1488 y 1489, Huéscar, Vélez Blanco, Vélez Rubio, Baza, Guadix y Almería.

Tras estas conquistas, Granada quedó prácticamente aislada y los Reyes Católicos en 1491 pidieron a Boabdil, que entonces ocupaba el trono, que entregara la ciudad. Como el rey moro se negó, los cristianos iniciaron el asedio. Establecieron su campamento en la Vega de Granada, en un lugar al que llamaron «Santa Fe». Allí fue donde se firmaron las «Capitulaciones» con Cristóbal Colón. En virtud de ellas, los Reyes financiaban el viaje al Nuevo Mundo del navegante, pero a cambio acrecentaron los límites de Castilla más allá de los mares.

Ante el cerco y estrangulamiento al que fue sometido, Boabdil finalmente entregó las llaves de la ciudad el 2 de enero de 1492.

Isabel I de Castilla y Fernando II de Aragón habían conseguido extender su poder soberano a la práctica totalidad de los Reinos de España, pues sólo faltaba Navarra, que fue anexionada en 1512. Con la conquista del Reino de Granada culminaron su sueño más deseado y quizá por eso sus cuerpos descansan para siempre en esta ciudad.

La Medina

Era el espacio más poblado de toda la Alhambra, auténtico barrio del pueblo, en el que se encontraban la mayor parte de las casas y edificios del recinto.

LA MEDINA

Dibujo de Carlos Quintanilla

1. ***Iglesia de Sta. María de la Alhambra***
   (ocupa el solar de la antigua Mezquita Mayor)
2. ***Baños de la Mezquita***
3. ***Calle Real de la Alhambra***
   (su trazado coincide con parte de la antigua calle Real Alta)
4. ***Restos del Palacio de los Abencerrajes***
5. ***Restos de casas nazaríes***
6. ***Camino del Secano***
   (discurre por el mismo trazado de la desaparecida calle Real Alta)
7. ***Parador de San Francisco***
   (antiguo convento franciscano edificado sobre los restos de un palacio nazarí del s. XIII)
8. ***Puerta de los Siete Suelos***
   (era la puerta de entrada a la Medina desde el exterior)
9. ***Torre del Agua***

7
5
6
8
9

Puerta del Vino. Marcaba la entrada a la «calle Real Alta» desde dentro de la Alhambra.

Era el espacio más poblado de toda la Alhambra, auténtico barrio del pueblo, en el que se encontraban la mayor parte de las casas y edificios del recinto.

Desde sus orígenes en tiempos de al-Ahmar (siglo XIII), hasta la conquista cristiana (siglo XV), la Alhambra fue creciendo dentro del perímetro de su muralla hasta convertirse en una auténtica ciudad palatina al servicio de la nobleza nazarí y los sultanes que ocuparon sus palacios.

Estaba recorrida por dos calles principales: La calle Real Baja, que atravesaba la zona de los palacios y la calle Real Alta, que atravesaba la zona donde vivía la mayor parte de la población: funcionarios, sirvientes, artesanos y demás habitantes, todos ellos encargados de garantizar el buen funcionamiento de la ciudad.

Calle Real de la Alhambra. Discurre por el mismo trazado que la antigua «calle Real Alta».

Iglesia de Santa María de la Alhambra, construida sobre el mismo solar de la antigua Mezquita.

También había una serie de calles secundarias que comunicaban entre sí estas dos calles principales.

Todo este espacio urbano, atravesado por la calle Real Alta, era la Medina. Aquí se mezclaban pequeñas viviendas, talleres y edificios administrativos con algunas grandes casas y nobles palacios. Dentro de ella, en la zona más elevada hacia el sureste, había una parte más poblada, la Medina alta, que se corresponde con el espacio que hoy se conoce como el Secano. Se llama así porque ha sido el espacio más castigado de toda la Alhambra —de él únicamente han llegado hasta nosotros restos arqueológicos y ruinas— debido sobre todo a la destrucción que hicieron aquí las tropas napoleónicas, que la dinamitaron antes

Alberca de una de las casas más importantes que debía haber en la Medina

Puerta de los Siete Suelos. Era el acceso a la «calle Real Alta» desde el exterior de la Alhambra.

de iniciar su retirada a principios del siglo XIX. Un lugar devastado en el que no quedó casi nada de lo que había.

El Secano está atravesado por un paseo ajardinado, que diseñó el arquitecto conservador del monumento Torres Balbás, en el primer tercio del siglo XX, por el recorrido que se pensaba tendría en su día la parte arruinada de la calle Real Alta. Este camino es hoy una de las posibles conexiones entre la Alhambra y el Generalife. Desde él pueden verse algunos de estos restos arqueológicos y algunas de las torres que dibujan la muralla. Aquí está también la Puerta de los Siete Suelos, una de las cuatro grandes puertas del recinto, por la que se accedía a la Medina desde el exterior, volada por los franceses en su retirada y que tuvo que ser rehecha a partir de dibujos y grabados antiguos. Es un lugar lleno de misterio, en cuyos subterráneos, según la «Leyenda del Legado del Moro»[1] de *Cuentos de la Alhambra*, se ocultaba un gran tesoro. Al final del paseo,

Restos del Palacio de los Abencerrajes

NOTAS

[1] «Leyenda del Legado del Moro»:

Esta leyenda cuenta la historia de un humilde y honrado aguador que iba cada día con su asno a coger agua fresca de los pozos de la Alhambra para bajarla a Granada. Tan bueno era, que una noche llevó en su asno a un moro anciano, cansado y casi moribundo que le pidió ayuda y lo acogió en su casa. El musulmán le dijo que si moría guardara una misteriosa caja que llevaba. La caja contenía un trozo de vela y un viejo pergamino en árabe. El aguador buscó la ayuda de un astuto comerciante moro, que le tradujo el pergamino. Tras una serie de vicisitudes, los honestos «socios» y con la ayuda del pergamino y la vela, encontraron un gran tesoro oculto en una de las siete plantas subterráneas que, según la leyenda, tenía esta puerta.

Torre del Agua, junto al acueducto que conducía el agua del Generalife a la Alhambra.

al este, está el acueducto por el que discurría y entraba en la Alhambra la «Acequia Real», junto a la Torre del agua.

Desgraciadamente el que fuera el barrio más populoso y bullicioso de la Alhambra prácticamente ha desaparecido. Solo quedan algunos vestigios de sus edificios y red urbana: Santa María de la Alhambra —donde estaba la antigua mezquita—, los baños, algunas casas y palacios —como el actual Parador de San Francisco y los restos del Palacio de los Abencerrajes—, lo que queda de la calle Real Alta... Pero podemos entrar en ella e imaginar su ajetreada vida, mientras recorremos su calle principal junto a las protagonistas de la novela *La Fórmula*[2].

[2] *La Fórmula*:

«Caminábamos cogidas de la mano [...] Por esta calle, que nombran como Real alta o Mayor, hablaban a gritos un grupo de tejedores que transportaban, a la espalda y a lomo de bestias, un cargamento de madejas de lana teñida de verde y añil; dejamos paso a un escuadrón de soldados de infantería, ricamente labrados con lienzos de blancura inmaculada [...] miramos con curiosidad a ambos lados de la calle abierta de oeste a este: grandes palacios, protegidos por muros enjalbegados de blanco, de rosado o de bermejo, conviven aquí con gran hacinamiento de edificios y viviendas de menor ostentación, con talleres abiertos a pie de calle donde una masa de artesanos se preparaba para su tarea. También nos cruzamos con jóvenes y pequeños escolares que portaban bajo el brazo o sobre sus cabezas sus tablillas y cuadernos [...] El agua de una acequia entra por un acueducto junto a una torre protegida por arqueros [...] Paramos un momento, deslumbradas por los rayos del sol, la respiración ahogada por la caminata: el canto del almuecín nos sorprendió hasta sobrecogernos vivamente, sentíamos sus alaridos —¡le Galib illé Allahhh....!— como centellas sobre nuestras vidas miserables». [GARCÍA FRESNEDA, A. Extracto de *La Fórmula*. Ediciones Miguel Sánchez].

Torres de las Brujas y del Capitán, en la muralla sureste, junto al Secano.

LOS PALACIOS
Presentación

Constituyen la Casa Real o Alcázar donde se desarrollaba
la vida oficial y familiar de los sultanes nazaríes.
Están formados por tres palacios edificados
en periodos distintos, que configuran
un único espacio áulico.
A ellos se incorporaron, tras la conquista,
unas dependencias construidas
para ser habitadas por el Emperador Carlos V.

El espacio palatino de la Alhambra está formado por tres casas palacio nazaríes: Mexuar, Comares y Leones. Fueron construidas en distintos periodos por los sultanes que en cada momento ostentaron el poder y que conforman un único espacio áulico —la Casa del Sultán— donde se desarrollaban, distribuidos en distintos espacios, la vida privada y familiar, la oficial de la corte o el despacho de las cuestiones burocráticas y administrativas del reino. Comprenden también lo que hoy se conoce como la Casa Real Cristiana, que son una serie de habitaciones y patios que el Emperador

Vista de los palacios desde el Albaicín

Carlos V mandó construir para ser habitadas por él en sus estancias en Granada, en tanto fuera concluido el gran palacio que se había proyectado, también en la Alhambra.

Estos no son los únicos palacios que hubo en la Alhambra, pues en distintas épocas y en otros lugares fueron construidos otros, que habitaron sultanes o algunas de las familias más nobles de la Alhambra: el Palacio del Partal, el Palacio de los Abencerrajes, el Palacio de Yusuf III y el Palacio de los Infantes (actual Parador de San Francisco).

La entrada a estos palacios se encuentra, casi escondida, junto al costado norte del Palacio de Carlos V. Desde fuera nada indica la importancia del recinto y como toda casa musulmana todo mira hacia el interior, quedando su riqueza oculta a ojos ajenos. Ningún alarde exterior que pueda exhibir la afortunada condición de sus moradores y romper la igualdad de los creyentes ante el Dios Supremo. No se hicieron con la intención de perdurar en la posteridad, fueron construidos con materiales pobres (arcilla, madera y yeso) y su fragilidad simboliza la provisionalidad de la vida, el poder y la fortuna, pues «solo Dios es eterno». Por esta razón fueron continuamente transformados por los sucesivos sultanes que derribaban, modificaban o anexionaban nuevos espacios a los preexistentes.

Es importante entender el concepto multifuncional del espacio que tenían los pueblos musulmanes. A diferencia de la cultura occidental en que cada dependencia tenía una funcionalidad propia, las habitaciones en las viviendas musulmanas cumplían varías funciones a lo largo del día: sala de estar, comedor, dormitorio… Sabiendo esto se comprende mucho mejor el recorrido por estas regias estancias.

Una de las puertas del Patio de los Arrayanes

Columnas del Patio de los Leones

LOS PALACIOS
Dibujo de Carlos Quintanilla
1. Mexuar
2. Palacio de Comares
3. Palacio de los Leones
4. Dependencias Cristianas
5. Baños Reales
1
Entrada

Palacio y Jardines
del Partal
4
5
3
Palacio
e Carlos V

La casa hispano-musulmana y la vida doméstica

Palacio de Dar-al-Horra (Albaicín)

Si hay algo que determina la forma de vida de un pueblo, incluido su espacio vital, sus casas, el hogar que habitan día a día con su familia, es su cultura, sus orígenes como grupo social, sus costumbres o su religión. Todos estos factores han determinado una serie de peculiaridades propias de la casa musulmana muy distinta a como lo sería esta en la sociedad judeo cristina occidental.

Lo primero que llama la atención como elemento diferenciador de una vivienda musulmana es la desnudez de sus muros, carentes de ventanas o elementos de ornamentación que puedan delatar desde la calle qué hay o quiénes viven en el interior. A diferencia de la cultura occidental, en la que ya desde el exterior de una vivienda se expone la posible ilustre condición de sus dueños, la vivienda del musulmán no mostraba cual era el estatus de mayor o menor riqueza de sus moradores. Incluso en los barrios se planificaba la altura máxima que debían tener las casas, para que desde una no pudiera tenerse acceso visual a las vecinas. Si había alguna ventana era siempre en las plantas superiores y muy pequeñas. El único hueco abierto en el exterior era la puerta de entrada, que nunca daba acceso directo a la vivienda. La entrada siempre se hacía en recodo o dando a un zaguán que hacía de vestíbulo, en el que la segunda puerta, la que daba acceso directo a la casa, nunca estaba en línea directa con la primera, sino desplazada a un lado, para que nadie desde la calle pudiera ver el interior.

Ya dentro, lo más común en todas las casas era el patio, por el que entraba la luz y la ventilación y al que daban las habitaciones más ilustres de la casa. Este patio, mayor o menor según la categoría de la vivienda, tenía habitualmente una pila o estanque en el centro. Esta forma de distribuir las habitaciones en torno a un patio es una influencia de la casa romana de cuya cultura adoptan para si múltiples elementos los musulmanes. Algunas casas incluso contaban con dos patios. En las casas nobles y palacios normalmente el patio tenía también uno o dos pórticos en sus lados menores. Si sus dimensiones lo permitían, solía estar ajardinado, provisto de plantas aromáticas, limoneros, naranjos o alguna parra. Este era el elemento central de la vivienda en torno al cual se distribuían todos los espacios y giraba la vida diaria. No todos los patios contaban con alberca, pues en los de las viviendas muy pequeñas, como por ejemplo las casas del barrio castrense en la Alcazaba, estos cumplían la función únicamente de airear y dar luz a la casa.

Como dice el profesor Antonio Orihuela en su estudio sobre las *Casas y palacios nazaríes de los siglos XII-XIV*, «tener un buen patio debía de ser la principal ambición de todo ciudadano del emirato nazarí». Permitía a sus habitantes estar al aire libre y disfrutar del aroma de las plantas y el rumor del agua, en la intimidad, fuera del alcance de miradas extrañas. Cumplía también una función de representación, al ser el lugar en el que se recibía a los invitados y visitantes de la casa. Dado que la mujer no podía ser vista por ningún varón extraño que entrase en ella, pues lo establecía la obligación religiosa del «hiyab» (ocultar la mujer a la vista), las habitaciones que daban al patio eran las ocupadas por el señor y los hombres de la familia. Las mujeres ocupaban las habitaciones de la planta superior y si no la había, las traseras al patio. En las grandes casas que disponían de dos patios el principal se destinaba para la recepción de los invitados, ocupado únicamente por los hombres y el segundo lo utilizaban las mujeres y los niños. Cuando no había personas ajenas a la familia la mujer se movía libremente por toda la vivienda encargándose de todas las tareas de la casa y del cuidado y educación de los hijos.

En relación con este aspecto del

Calle de Grijales (Albaicín). Representa claramente la tipología urbana de un barrio musulmán, calles estrechas con muros desnudos que esconden cualquier signo que ayude a imaginar lo que hay tras ellos.

Calle de San Gregorio (Albaicín). Las puertas eran el único elemento abierto al exterior a lo largo de los muros que recorrían cualquier calle en la Granada de la época musulmana.

papel de la mujer en la vida social y familiar en el Islam, no todas las mujeres permanecían ocultas. Las criadas y esclavas atendían a los invitados con la cara descubierta y no estaban sujetas a las reglas de moralidad que debían cumplir las mujeres libres. La sociedad era patriarcal, el cabeza de familia tenía el poder absoluto. Antes del matrimonio la mujer tenía derecho a una dote y a un porcentaje de la herencia de su esposo. Aunque su religión permitía que un solo hombre tomara en matrimonio a más de una esposa, hasta cuatro, debía justificar que podía mantenerlas y respetarles su dote. No era por tanto posible la poligamia entre las familias humildes. Sólo los señores de un cierto nivel económico podían permitirse más de una esposa. Aún así, en la Granada Nazarí no era tan frecuente como en otros lugares que un hombre, a pesar de ser rico, matrimoniara con más de una mujer.

Otra de las peculiaridades propias de la casa musulmana era su forma de entender el espacio de una manera polifuncional. A diferencia de la casa occidental, no existían distintas habitaciones para cada función: dormitorio, estar, comedor... Una sola habitación era utilizada para poder hacer todas esas funciones, según la hora del día o las necesidades de la casa. Esta forma polifuncional que daban a los espacios tiene su explicación en el origen nómada y la vida itinerante de estos pueblos en otras épocas, en las que la «jaima» (tienda) era el único espacio habitable, desmontable y provista de mobiliario y enseres ligeros que facilitaran el transporte. Por esta razón, cuando estos pueblos colonizaron otros lugares en los que se asentaron de manera permanente, como en Al ándalus, siguieron manteniendo muchas de sus costumbres de antaño. Debido a este uso múltiple, las habitaciones no estaban provistas de grandes muebles, pesados y difíciles de mover de un lugar a otro, como sería el caso en una casa cristiana. El musulmán decoraba sus viviendas con alfombras, telas, cojines, mesas bajas, arcones, alacenas... objetos todos que podían moverse con facilidad de un lugar a otro de la estancia y así, un espacio utilizado para comer o recibir a un invitado a una hora del día podía transformarse, al caer la tarde, en un lugar para descansar y dormir. Según el profesor Antonio Orihuela, «las dependencias que definen una casa nazarí con patio para poder ser considerada completa son: zaguán acodado, sala principal, sala secundaria, cocina y retrete». «Para ello se requiere una parcela mínima de unos 50 metros cuadrados». Las cocinas solían estar en el exterior, en las terrazas.

La última gran característica de la casa musulmana es la importancia del agua y las instalaciones con que esta contaba. Para estos pueblos el agua es un elemento purificador imprescindible para poder realizar sus prácticas religiosas. Además, al ser un bien escaso en algunos de sus territorios de origen, siempre buscaron la manera de construir canalizaciones para llevarla a sus ciudades y sus casas. Utilizaron para ello sistemas mucho mas avanzados a los que existían en las ciudades cristianas. Los musulmanes copiaron de la civilización romana el sistema de canalizaciones urbanas. Tal y como describe el profesor Orihuela, «el agua de los ríos o los manantiales se llevaba a las ciudades mediante acequias, que estaban descubiertas durante su trayecto a extramuros de la ciudad. Al entrar en ella era conducida por una red de cañerías hasta llegar a los aljibes públicos y a los privados, en las viviendas que estaban dotadas de estos últimos». La Granada medieval nazarí estaba provista de una red completa que «permitía a los ciudadanos cuyas casas no contasen con suministro de agua, abastecerse cómodamente de ella a pocos metros de sus viviendas». Las casas también contaban con letrinas y sistemas para dar salida a las aguas fecales. La letrina estaba situada lo más cerca posible del exterior. Se accedía a ella desde el patio para que tuvieran una buena ventilación y eran una dependencia de la casa específica para esta función, aislada de las demás mediante una entrada en recodo o una puerta.

Todos estos elementos propios de la vivienda musulmana y más concretamente de la casa nazarí granadina de la época medieval, existían también en cada una de las casas y palacios de la Alhambra, solo que en el caso de estos últimos a una escala mayor.

Patio de la Casa de Zafra (Albaicín), provisto de todos los elementos característicos de una casa granadina de la época nazarí.

LOS PALACIOS
Mexuar

Fue edificado en su mayor parte por Ismail I (1314-1325). Es el palacio más antiguo de los tres y el que tuvo, al menos en un periodo importante de su historia, una mayor función pública.

PÁGINA

Esta parte de los palacios, al menos en un gran periodo de su historia, tuvo una marcada función pública: administración de Justicia, reuniones del Consejo y tareas burocráticas. Es el palacio más antiguo de los tres. Edificado en su mayor parte por Ismail I (1314-1325) ha sido el que más modificaciones y redecoraciones ha sufrido a lo largo de los tiempos. Primero

Exterior del Palacio del Mexuar. En primer plano, el Patio de Machuca.

por algunos sultanes nazaríes y luego por los reyes cristianos. Siendo estos últimos los que sin duda llevaron a cabo los cambios más significativos. Ha sido también el más castigado, sobre todo en su sector más occidental, el de los dos patios, del que en su mayor parte solo quedan restos arqueológicos. El resto del palacio ha sido mejor conservado.

Plano del Mexuar

Dibujo de Ana Campos

1. *Patio de la Mezquita*
2. *Patio de Machuca*
3. *Sala del Mexuar*
4. *Oratorio*
5. *Patio del Mexuar:*
   5a. Cuarto Dorado
   5b. Fachada del Palacio de Comares

Patios de la Mezquita y

Es el primero de los patios y de él solo se conservan restos arqueológicos. Existen diferentes hipótesis sobre las edificaciones que había alrededor del mismo y la función que desempeñarían, siendo la más extendida que serían dependencias ocupadas por funcionarios encargados de tareas burocráticas y administrativas. Debe su nombre a la Mezquita «Vieja», un pequeño oratorio de cuyos restos hay constancia en uno de sus vértices, atribuida a Ismail I.

El Patio de Machuca es contiguo al de la Mezquita pero mejor conservado. Presenta una galería de arcos sobre el mismo paño de la muralla, en

Rincón del Patio de Machuca

Restos arqueológicos del Patio de la Mezquita

la que hay una torre anexa, la Torre de Machuca (antes llamada torre de los Puñales). La torre, al igual que el patio, debe su nombre actual al hecho de que en ella y en las dependencias de este jardín vivó Pedro Machuca, arquitecto del Palacio de Carlos V. En el lado opuesto, ahora ocupado por una línea de espesos cipreses recortados formando arquerías, debió haber otra galería que daba acceso al palacio. Una pequeña fuente de traza geométrica y una hilera de naranjos adornan este bello jardín, que aunque es distinto al patio original de la época medieval, mantiene la magia y el embrujo que respira toda la Alhambra.

SALA DEL MEXUAR

Este es el primero de los espacios palatinos que motiva la admiración del visitante. Obra del sultán Ismail I (1314-1325) ha sufrido muchas reformas a lo largo de los años. Los cambios más importantes en época nazarí los hicieron Yusuf I y Muhammad V. Siendo las obras acometidas por los cristianos tras la conquista las que modificaron más sustancialmente la configuración original. En cuanto a su función en la época medieval,

Sala del Mexuar

las ha tenido muy diversas, como ocurre con muchas de las estancias de la Alhambra: el lugar donde se reuniría la Sura o Consejo de Ministros, donde se impartía justicia o, en determinadas épocas, Sala del Trono del Sultán. Originariamente el espacio de esta estancia era de menores dimensiones y se distribuía en torno a las cuatro columnas centrales, sin el actual cerramiento de madera. El techo era muy distinto, abierto por una

Sala del Mexuar

Detalle de uno de los zócalos de la Sala del Mexuar

gran linterna que dejaba pasar la luz y que cerraba una elevada cúpula de cristal.

Oratorio del Mexuar

Los cristianos convirtieron este espacio en capilla, de ahí la existencia del coro, impensable en un edificio musulmán, y abrieron las ventanas laterales, que no existían. Ampliaron la sala por el fondo, hacia el lado norte, el que hay debajo del coro y construyeron la planta superior; lo que cambió no solo el aspecto de los techos, sino de todo el edificio. Estos nuevos aposentos superiores fueron habitados ya en época moderna por algunos de los gobernadores de la Alhambra. Como es lógico, esta diversidad de usos y dueños a lo largo del tiempo, ha dejado también su impronta en la decoración, donde conviven los elementos geométricos de los azulejos originales musulmanes con otros elementos cristianos, como las columnas de Hércules con el lema «Plus Ultra», que flanqueaban el antiguo altar de la capilla cristiana.

Al fondo hay un ORATORIO, que no era contiguo a esta sala originariamente, estando su entrada por otro lugar. Íntimo espacio de bellas vistas al Albaicín y orientado hacia la Meca. Muy restaurado, destaca en él su mihrab: un nicho en la pared, en el que se colocaba el Corán, adornado por un arco en forma de herradura y la inscripción: «no seas de los negligentes y ven a la oración».

Patio del Mexuar

Está situado a la salida de la Sala del Mexuar. Tiene una clara función de medianería y acceso. Una pequeña taza de mármol en el centro domina todo el espacio. Tiene dos bellos costados: al norte, el Pórtico del Cuarto Dorado; al sur, la fachada del Palacio de Comares.

El CUARTO DORADO está precedido por un pórtico de tres arcos que embellece el patio. Debe su nombre al techo dorado, decorado con pan de oro en época de los Reyes Católicos. Los cristianos hicieron otras reformas en la estancia, como el gran ventanal, partido por una ventana gótica, a modo de mirador con asientos a cada lado. Y como en muchos otros lugares de la Alhambra, vuelven a combinarse aquí los elementos decorativos musulmanes con los emblemas y símbolos cristianos. Por debajo de este cuarto discurre el camino de ronda, que recorre toda la muralla. Por este motivo podría suponerse que, en los orígenes del Palacio del Mexuar, nada de lo construido en este costado norte del patio debía existir, quedando lo que ahora es un patio cerrado como un espacio abierto que daría a la muralla exterior.

La FACHADA DEL PALACIO DE COMARES delimitaba el paso a un ámbito ya más privado de las estancias palaciegas. Es uno de los elementos arquitectónicos y decorativos más importantes de la Alhambra. Fue mandada construir por Mohammed V para conmemorar la toma de Algeciras (1369), gracias a la cual recuperó el control sobre el Estrecho de Gibraltar, que había perdido su padre en la batalla de Salado.

Patio del Mexuar
y fachada del Palacio de Comares

Patio del Mexuar y fachada del Cuarto Dorado

La tradición describe aquí al sultán, en lo alto de la escalinata, en el centro de la imponente fachada, sentado en su trono, escuchando a sus súbditos, impartiendo justicia o recibiendo a embajadores extranjeros. A imaginar esta puesta en escena ayudan algunas de las epigrafías escritas sobre esta fachada: «Mi posición es la de una corona y mi puerta una bifurcación de caminos: el Occidente cree que en mí está el Oriente...». Alegoría que claramente se refiere a las dos puertas que hay bajo estas frases. De ellas, solo la de la izquierda, tras recorrer un pasillo en recodo vigilado por guardianes, nos conducía al gran patio del palacio. La de la derecha, a estancias posiblemente destinadas al servicio.

Techo del Cuarto Dorado. Su acabado en pan de oro es de época cristiana.

Detalle de la fachada del Palacio de Comares

Un vistoso alero de madera de cedro decorado con motivos vegetales corona la fachada. Bajo él, ventanas cerradas con celosías de madera hacen pensar que al otro lado el espacio ya no es público, tan solo habitado por el sultán y su familia, donde los ojos ajenos ya no pueden mirar.

LOS PALACIOS

Palacio de Comares

Fue construido por Yusuf I (1333-1354). Como en todas las grandes casas nazaríes el espacio central está ocupado por un patio en torno al cual se distribuían las demás estancias.

PÁGINA

Fue construido por Yúsuf I (1333-1354), uno de los más ilustres reyes nazaríes, llamado «el Gran Emir» por sus muchas cualidades políticas y morales. Apasionado defensor de las ciencias y las artes y una de las personalidades cultas más vigorosas de la Europa de su tiempo. Fue terminado y completado en su decoración por su hijo Mohammed V (1354-1391). El reino nazarí alcanzaría con ambos su máximo esplendor.

Como es lógico pensar tendría un uso y una función en una primera etapa y otro distinto cuando coexistiera en el tiempo con el posterior Palacio

Patio de los Arrayanes, pórtico norte.

de los leones. Pertenece a la zona residencial y privada de los palacios, aunque no todos sus espacios tendrían un uso exclusivamente privado. También aquí tendrían lugar actos oficiales de la corte o de recepción de delegaciones extranjeras, que darían sentido a las grandes dimensiones de su alberca central y al majestuoso Salón del Trono, también conocido como Salón de Embajadores. Es la más grande de todas las habitaciones de la Alhambra y, por su simbología y esoterismo, estaba llamado a ser testigo de grandes acontecimientos del Reino de Granada.

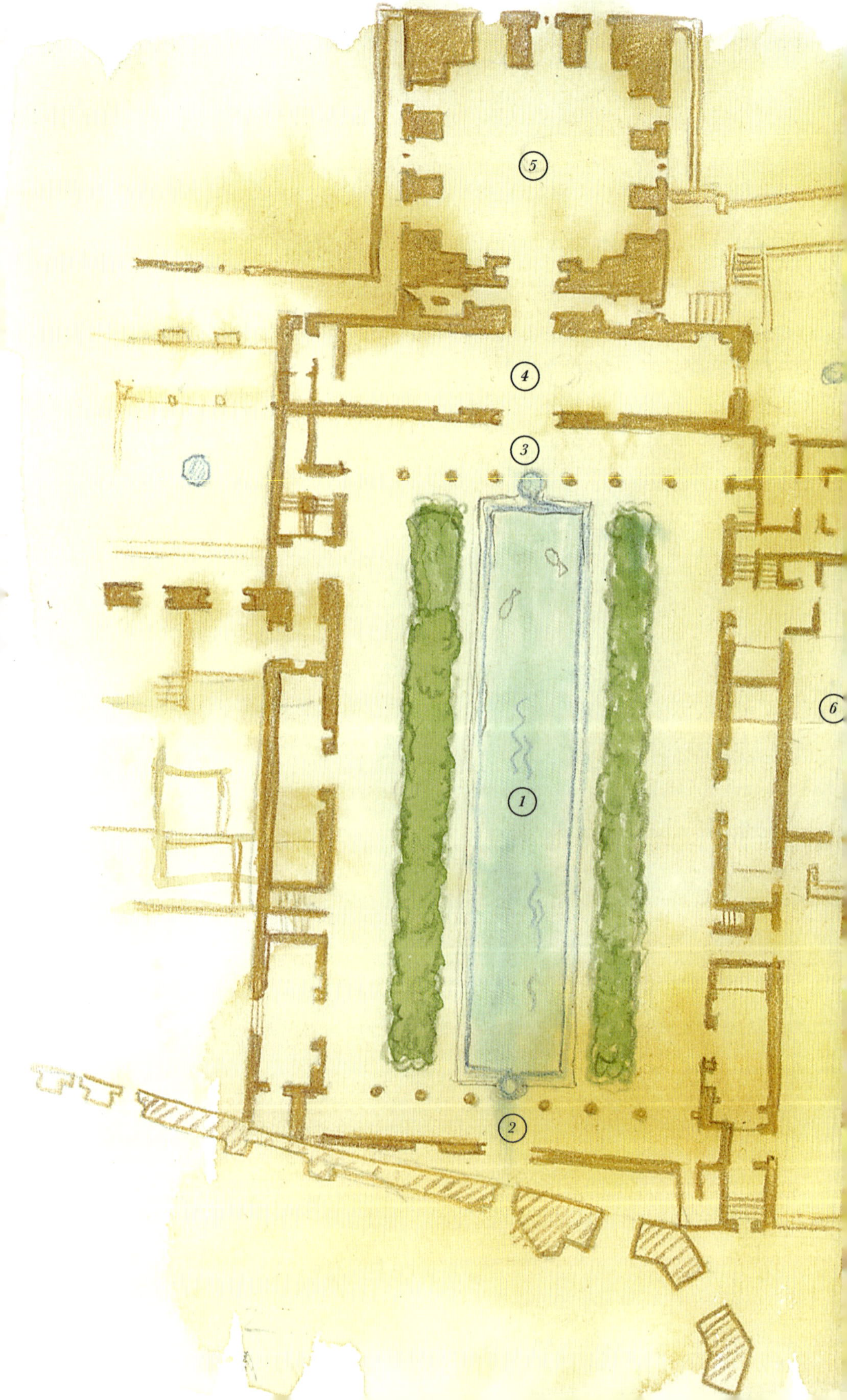

5
4
3
6
1
2

PLANO DEL PALACIO DE COMARES

Dibujo de Ana Campos

1. ***Patio de los Arrayanes***
2. ***Pórtico sur***
3. ***Pórtico norte***
4. ***Sala de la Barca***
5. ***Salón de Embajadores***
6. ***Baños (Baños Reales)****

* Los BAÑOS REALES, que en este recorrido se tratan como capítulo independiente al final de los palacios, pertenecen en realidad al Palacio de Comares.

Se ha preferido tratarlos en un capítulo independiente, por cuanto, tras las reformas cristianas y diversas restauraciones, este espacio sufrió cambios en su configuración original y accesos.

En la actualidad, aunque habitualmente no están abiertos al público, tienen un acceso propio y externo al Palacio de Comares.

PATIO DE LOS ARRAYANES

Como en todas las casas musulmanas, pero aquí a una escala mayor (mide treinta y siete metros de largo por veinticuatro de ancho), el patio es el núcleo central en torno al cual se distribuyen todas las dependencias del palacio y eje de la vida diaria. De planta rectangular, está atravesado por una gran alberca. Ha tenido varios nombres a lo largo de su historia, el más popular se debe a los macizos de arrayán a cada lado de la misma. En sus lados menores tiene dos galerías porticadas que dan acceso a las estancias más importantes: la Sala de la Barca y el Salón del Trono al norte, y en el lado opuesto, el Pabellón Sur. Los lados mayores están recorridos por puertas que dan acceso a estancias independientes de dos plantas y de las que se desconoce con exactitud cual sería su función. Aunque lo más acertado es pensar que se trataría de viviendas.

Los pórticos parecen etéreos, gracias a su arquitectura liviana: siete arcos decorativos labrados entre paños de *sebka*[1] descansan sobre finas columnas en las que se apoyan los pilares que soportan la estructura adintelada.

Tras el pórtico norte sobresale la gran mole de la Torre de Comares y en el sur la galería de arcos del piso superior. Es fácil imaginar cómo tras las celosías de las ventanas, discretas miradas observarían la ajetreada vida en torno al patio.

NOTAS

[1] *Sebka*: Es un motivo decorativo de origen islámico que consiste en la superposición de hileras de rombos entrecruzados con sus lados curvos o lobulados y que forman una especie de red o tapiz.

Patio de los Arrayanes, pórtico sur.

Reflejo de la Torre de Comares en la alberca del Patio

Aquí el agua se convierte en un espejo donde todo toma una doble dimensión. ¡El agua! Fuente de la vida y símbolo del paraíso musulmán, que fluye suavemente hacia la alberca desde las fuentecitas bajo las arcadas de los pórticos. Agua reposada, que refleja como un espejo el cielo y la arquitectura: pareciera que brotaran de ella las columnas de las galerías porticadas. En este lugar, apacible y luminoso, se funden la simplicidad de las formas, el agua y la vegetación.

Sala de la Barca

Se accede a ella a través de un arco apuntado con motivos vegetales en sus enjutas[2]. En las jambas[3] de este arco de entrada hay dos nichos ricamente labrados con azulejos en su interior. En ellas se depositaban vasijas con agua o perfume como símbolo de hospitalidad. Esta sala es la antecámara al Salón del Trono o Salón de Embajadores.

Debe su nombre a la palabra árabe *baraka* que significa bendición y que aparece escrita repetidas veces por las paredes de la estancia. Un zócalo de azulejos de diversas clases recorre toda la estancia. En los extremos, tras los arcos laterales, hay dos alcobas. El techo actual es una reproducción similar al original, ya que este ardió completamente en un incendio en el año 1890.

[2] *Enjutas*: Cada uno de los espacios que deja en un cuadrado el círculo inscrito en él. Sería por tanto el espacio que queda entre el arco y dintel. Tienen forma triangular y uno de sus lados es curvo.

[3] *Jambas*: Cada una de las dos partes verticales, a los lados de las puertas o ventanas, que sostiene el dintel o arco que las cierra.

Sala de la Barca

Salón de Embajadores

Salón de Embajadores

Es la sala más grande de todo el palacio; construida en forma de cubo perfecto, se asienta en el interior de la gran Torre de Comares. Tres de sus cuatro paredes están recorridas por nueve pequeñas alcobas distribuidas de tres en tres con ventanas abiertas al exterior. Estas ventanas originariamente estarían cerradas por cristales de colores. Las celosías de madera que en la actualidad cubren estas ventanas son una reposición reciente que nos ayuda a recrear el ambiente mágico de claroscuro que envolvería todo el salón en aquella época.

La estancia revela la magnificencia y origen divino del poder del Sultán. Profusamente decorada, originariamente estuvo totalmente policromada,

Detalle de una de las nueve alcobas abiertas en los muros del Salón

Salón de Embajadores

desde el suelo hasta el techo. La decoración de sus muros asemeja grandes tapices de estuco colgando de la pared y hay diferentes modelos: conchas, florales, estrellas... Otra de las constantes en los muros son las escrituras de las yeserías, aquí las hay de dos tipos, tanto cúficas[4] como cursivas[5]. La parte baja de los muros está decorada con azulejos. Los de esta sala están muy bien conservados.

Tanto en los alicatados cerámicos como en los paños de yesería las figuras se repiten por un juego de transformaciones geométricas y, como en un

Detalle de las yeserías que cubren las paredes del Salón

[4] *Cúfica*: Es un tipo de caligrafía árabe que se considera el más antiguo en esta lengua. Se caracteriza por su aspecto rectilíneo y angular. Proviene de la ciudad de Kufa, en Irak. Es la que primero aparece en la decoración arquitectónica. Era una escritura culta y más solemne que solamente sabían leer los eruditos e imanes.

En la Alhambra podemos encontrarla sobre el zócalo de cerámica del Salón de Embajadores.

[5] *Cursiva*: Es una caligrafía árabe que aparece con posterioridad a la cúfica, conforme se va generalizando más el uso de la escritura. Es de carácter ligado y de forma circular y flexible. En principio se utilizaba en escritos oficiales y administrativos, pero terminó por generalizarse e imponerse en la ornamentación arquitectónica, al ser la que la mayoría de la gente conocía (la mayoría de la gente que sabía leer y escribir, claro está, pues gran parte de la población no sabía). La mayor parte de las inscripciones de la Alhambra son de este tipo.

Techo del Salón de Embajadores

Las cuatro aristas del techo, que confluyen en la cúpula central, representan los cuatro ríos del Paraíso.

Hay siete coronas de estrellas, que de forma concéntrica se van sucediendo hasta la cúpula central. Simbolizan los siete cielos que hay que ascender para alcanzar el Paraíso.

Dibujo de Ana Campos basado en otro de Leopoldo Torres Balbás [Archivo de la Alhambra]

caleidoscopio, el espacio se amplía al infinito y la mente se evade... Formas geométricas y vegetales se alternan con bandas epigráficas que recorren la sala alabando a Yusuf I (su constructor) y a Dios, pues «solo a Él corresponde el poder, la gloria y la eternidad». El lema «Solo Allaha es vencedor» aparece repetidamente en las paredes de la sala.

El suelo no es el original, muy deteriorado y que hubo que rehacer. El original estaba hecho de cerámica vidriada en colores blanco y azul. Solo queda un pequeño resto de mosaicos de este tipo en el centro del salón.

El salón esta cerrado por una majestuosa cúpula de madera, obra maestra de la carpintería musulmana, hecha con miles de piezas de colores que simbolizan el cosmos y la idea del Paraíso Islámico. Hay siete coronas de estrellas concéntricas, que representan cada uno de los siete cielos que debe superar el alma hasta llegar a la cúpula central, el último nivel, el Paraíso Islámico. Las cuatro aristas del techo que confluyen en esta cúpula central simbolizan los cuatro árboles o los cuatro ríos de ese Paraíso que, al igual que en el Antiguo Testamento, es un edén o jardín.

Aunque hoy los estucos de sus muros y la cúpula han perdido la policromía, y la luz ya no se matiza a través de vidrieras de vivos colores, aún puede imaginarse el ambiente refinado e íntimo de este salón cuando, en la penumbra, el sultán recibiera a sus visitantes sentado en el solio real.

Sírvanos de ayuda el testimonio del viajero alemán Jerónimo Münzer cuando, dos años después de la conquista cristiana, encontró estos palacios dentro de una fortaleza:

No creo que en Europa se halle nada semejante,
puesto que es todo tan magnífico, tan exquisitamente obrado,
que ni el que lo contempla puede cerciorarse de que no está en el Paraíso.

[JERÓNIMO MÜNZER, 1494-1495]

Decoración y ornamentación (I):

Técnicas, recursos y elementos decorativos de la arquitectura islámica

Juego de mocárabes y estucos en el Mirador de Lindaraja

Así como el aspecto externo de muchos edificios islámicos suele ser sencillo y hasta modesto, sin apenas motivos y elementos decorativos, el interior suele estar profusamente decorado, incluso a veces desde el suelo hasta el techo, sin que pueda apreciarse un solo espacio vacío. Esta contraposición entre exterior e interior, es muy evidente en la arquitectura del norte de África y España. El motivo no es otro que la filosofía de vida de los pueblos musulmanes, que hacían la vida hacia dentro, en el interior de sus casas y palacios.

Se da además la circunstancia, de que en algunas estancias de los palacios alhambreños, la decoración es si cabe todavía más profusa que en otros monumentos musulmanes, estando sus muros totalmente cubiertos y decorados, desde el suelo hasta el techo, sin que quede ningún espacio vacío. Ejemplo de ello, el Salón de Embajadores o del Trono, en el interior de la Torre de Comares. ¿No sería que los nazaritas granadinos intuían ya cuando construyeron la Alhambra, que la civilización arábigo-andalusí estaba en su periodo terminal, como así fue? ¿No es la Alhambra el «canto del cisne» de los musulmanes en al-Ándalus que, ahogados por la creciente presión de los reinos cristianos, decidieron dejar en Granada su testamento vital?

Hecha esta reflexión centrémonos ahora en las técnicas, recursos y elementos decorativos de la arquitectura islámica, señalando que la variedad y número de los elementos decorativos utilizados en la arquitectura islámica española ha sido menor que la de otros lugares, debido quizá al aislamiento político y geográfico de la Península respecto al resto del mundo islámico. Sin embargo, aunque hay una menor variedad de técnicas y recursos, el grado de virtuosismo y perfección en la ejecución de los mismos es excepcional. Veamos los más importantes, presentes en los muros y techos de las estancias de la Alhambra.

Detalle de los muros de estuco en el Salón de Embajadores

El estuco

Se trata del recurso decorativo quizá más ampliamente extendido en el mundo islámico, por lo económico que resulta, por la facilidad con que puede ser moldeado o tallado y porque es capaz de adaptarse a todos los soportes arquitectónicos: muros, pilares, bóvedas... El estuco permitía a los artesanos recubrir una superficie pobre y toscamente terminada, dándole apariencia de riqueza, perfección y virtuosismo arquitectónico.

El material básico que compone el estuco es el yeso, mezclado normalmente con otros materiales como el polvo de mármol o de alabastro, que le aportan consistencia y solidez. Lo primero que se hacía era preparar una masa con agua y estos materiales. Cuando estaba acabada y con la consistencia idónea se aplicaba a la pared o superficie a recubrir, dejándola preparada para que sobre ella se esculpieran o moldearan los dibujos decorativos.

Una vez que la superficie enlucida con estuco tenía la consistencia necesaria, se esculpía. Podía hacerse directamente, aunque lo normal era dibujar primero (por ejemplo, con polvo de carbón) la superficie a esculpir. Se utilizaba una plantilla con el motivo decorativo, que se superponía a la pared o superficie a ornamentar, se recubría la plantilla con el polvo de carbón y al retirarla, la superficie quedaba dibujada. Ya sólo quedaba que el maestro artesano, pacientemente, fuera recortando con la ayuda de un pequeño cincel las zonas dibujadas.

Esta técnica, totalmente manual, era lenta y laboriosa, por eso, primero en Persia e Irak y posteriormente en España, se usó la técnica del «vaciado», rápida, precisa y que necesitaba menos mano de obra. La diferencia estaba en que la mezcla de yeso, aún blanda, se aplicaba a moldes de madera que contenían los dibujos y cuando estaba seca se le extraía el molde.

El último proceso en ambos casos era el acabado, con el que se daba mayor consistencia, brillo y calidad a la superficie, dándole una pátina con leche de cal u otras sustancias, dependiendo del aspecto final que se quisiera conseguir y de los usos habituales de cada zona geográfica. También, en muchos casos, la superficie acabada se pinta de distintos colores, diferenciándose así aun más el fondo y los relieves del dibujo.

«La Alhambra es como un palacio de yeso labrado, en el que el estuco no sólo se utiliza para recubrir la pared, sino que incluso la sustituye. Ejemplo claro de ello es el Patio de los Leones, donde las ciento treinta y tantas columnas que lo rodean, no tienen como función la de recibir las cargas transmitidas por la caída de los arcos, sino la de sostener las finas redes de estuco labrado que van de una a otra» [Dominique CLÉVENOT y Gérard DEGEORGE. *Ornamentación del Islam*, p. 88].

Los mocárabes

Los mocárabes, en árabe «muqarna», son prismas o poliedros, normalmente de madera o estuco, cortados de forma cóncava en su parte inferior. La gran peculiaridad de las composiciones geométricas a base de mocárabes es que con ellas puede cubrirse cualquier tipo de superficie y volumen invertido, lo que permite su utilización en la decoración de techos, repisas, arcos, pechinas..., si bien su aplicación más sorprendente es en la decoración de los techos, como los de las salas de Dos Hermanas y Abencerrajes, un auténtico prodigio en esta especialidad decorativa.

Aunque estas formas se aplican también a la madera, lo más habitual, como en la Alhambra, es que sean de estuco (yeso). Para su realización se utilizaban moldes de madera. Los artesanos empezaban la obra desde abajo, colocando los moldes, que se rellenaban con la masa de yeso. Una vez seco se extraía el molde y se procedía al tallado y pulido, que le daba el acabado final. Las formas prismáticas básicas son siete, susceptibles de ser agrupadas en múltiples combinaciones, muy

Ejemplo del juego de formas y luces que originan las combinaciones de mocárabes

vistosas y complicadas. Estos techos de mocárabes son un prodigio matemático, ya que a base de combinaciones de cuerpos geométricos se consigue llenar completamente un espacio sin que quede ningún hueco vacío. Las bóvedas de estos techos suelen terminar en una estrella octogonal.

Otras utilidades diferentes del mocárabe en la Alhambra las encontramos, por ejemplo, en las pechinas o trompas que a veces sostienen los techos de madera, como en la Sala de la Barca; o en los arcos mitrales de algunas estancias, como la Sala de los Reyes o a la entrada de la Sala de la Barca.

Detalle del techo de madera del vestíbulo que comunica el Mexuar y el Palacio de Comares

La madera

Otra de las técnicas en la que los musulmanes eran auténticos maestros era en la carpintería aplicada a la arquitectura. Aleros de los tejados, celosías, puertas y ventanas... Pero donde más destaca y sorprende la utilización de la madera utilizada como elemento decorativo es en los techos. Solían ser de madera de cedro, por ser muy dúctil y resistente, ya que no es atacada por la temible carcoma. Estos trabajos podían realizarse, básicamente de dos formas: bien, tallando y esculpiendo la madera con dibujos geométricos o lazos; bien, con técnicas de marquetería o taracea, que consistía en crear los dibujos sobre la madera embutiendo trozos más pequeños de otras maderas como ébano, limonero, sicomoro, maderas teñidas, otros materiales como concha, hueso, marfil, nácar, plata u otros metales nobles. El efecto final es un juego de formas, colores y texturas sorprendente. Dentro de la Alhambra encontramos numerosos ejemplos, alguno de ellos reproducciones de los techos originales que hubo en otros tiempos. Quizá el más importante de todos sea el del Salón de Embajadores.

La cerámica

Al hablar de cerámica, aplicada a la decoración de edificios, nos referimos a los azulejos o alicatados, que vienen a ser conceptos similares aunque cada uno de ellos con una etimología diferente: «azulejo» proviene de la palabra árabe «azzulayan», que significa ladrillo vidriado; «alicatado» proviene de la palabra «alqata'a», que significa pieza o azulejo cortado. Alicatar seria cubrir una superficie con piezas de azulejos cortados.

La pieza de cerámica aplicada a la decoración de edificios apareció entre los siglos XI y XII y supuso una revolución, aunque en un principio los colores eran menos variados, siendo la mayoría de color azul en diferentes tonalidades. Progresivamente las piezas de azulejos irán teniendo un protagonismo cada vez mayor, y mayor también la variedad de colores, sobre todo en los países del norte de África y España, donde este tipo de técnica decorativa se convierte en una auténtica especialidad, con unos niveles de acabado y perfección geométrica sorprendentes. Habitualmente ocupa la parte baja del muro, en combinación con el estuco, que decora la parte superior.

Esta técnica decorativa conlleva un proceso largo que va, desde la FABRICACIÓN de las piezas, hasta la COLOCACIÓN de estas sobre el muro: el proceso de fabricación se inicia con la elaboración de la pasta, que se hacía amasando arcilla con agua, utilizando rodillos hasta obtener una mezcla húmeda y plástica. Otro momento es el del moldeado de las piezas estándar necesarias para realizar un determinado dibujo. Este moldeado puede hacerse, bien, cuando la pieza está aún blanda, antes de ser cocida, aplicando la masa a moldes que le dan la forma; bien, cortando la pieza cuando está seca y cocida. Las piezas se secan y cuecen en el horno o «mufla». Una vez cocida, y antes del barnizado, la pieza se denomina bizcocho. Lo último es el barnizado y coloreado.

Los colores se consiguen con óxidos de diferentes metales: azul (cobalto), zafiro (dióxido de cobre), verde (cobre u óxido de cromo)... Cada color, en función de su brillo o acabado exige una cocción específica, por lo que las piezas vuelven a ser introducidas en el horno. Es también muy interesante la simbología que para los musulmanes tienen determinados colores: el verde es el color del Profeta, curiosamente todos los países musulmanes llevan este color en su bandera, sobre todo la de Arabia Saudí, la cuna de Mahoma y del Islam, que es totalmente verde; el amarillo es el color del sol; el azul, el color del cielo, el Paraíso; el rojo, el color de la sangre, el ardor guerrero o erótico.

En cuanto a la colocación y disposición de las piezas, esta no se realizaba directamente sobre el muro. Una vez que las piezas están silueteadas, ya por corte o por aplicado a moldes, se liman para que encajen perfectamente en el dibujo del que formarán parte. Cuando las piezas se cortaban a regla y golpe de cincel o mediante una «azulea», muchas se quebraban, por lo que su coste era muy alto. Por eso se generalizó el aplicarlas a moldes de hierro, con los que se daba forma a la pieza cuando estaba aún blanda. Los pequeños azulejos se van ensamblando uno a otro, boca abajo y sobre el suelo o una plancha. Cuando todas las piezas están ajustadas, se recubren con masa de mortero. Al secarse la masa, los azulejos forman un bloque unitario y plano que se aplica a la pared. La complicación de algunos dibujos y el pequeño tamaño de las piezas, requiere gran habilidad por parte del artesano que realiza el ensamblado. Cuando la superficie a cubrir no es plana sino curva, la dificultad es aún mayor. En este caso los azulejos se ensamblan, no ya sobre el suelo o una plancha, sino sobre superficies cóncavas con la forma del muro o bóveda a cubrir, y una vez seca la masa de mortero que los une, se alza y se acopla. La complejidad también varía en función del dibujo, tamaño y variedad de las piezas que lo componen, así como la

Composición 1

Composición 2

disposición en que estas aparecen colocadas. En este sentido, podría decirse que en la Alhambra existen dos tipos de zócalos de azulejos: unos, cuyo dibujo está formado por dos, tres o cuatro piezas distintas, de tamaño mediano o grande, prefabricadas y moldeadas anteriormente, colocadas unas junto a otras, formando una composición en la que se puede disociar fácilmente cada una de las piezas geométricas que configuran el conjunto (cuadrados, triángulos, estrellas...), como por ejemplo los zócalos del Patio de los Arrayanes [*Composición 1*]. Los otros, sin duda mucho más complejos de realizar, son aquéllos en los que el dibujo está formado por multitud de piezas diferentes, más pequeñas que se entrecruzan unas con otras formando redes y una interconexión de dibujos geométricos, en los que resulta ya más difícil disociar aisladamente cada una de las piezas del conjunto, como por ejemplo los de los muros del Salón de Embajadores o la Sala del Mexuar [*Composición 2*].

LOS PALACIOS

Palacio de los Leones

Fue construido por Muhammad V, sultán que perdió el trono durante tres años, aunque luego lo recuperó. Es el espacio más universalmente conocido de toda la Alhambra.

PÁGINA

Fue construido por Muhammad V (1354-1359 y 1362-1391), un sultán que perdió el trono durante tres años y luego lo recuperó. A su largo y fecundo reinado, fruto de un amplio periodo de paz abierto gracias a las relaciones de alianza y amistad con Pedro I de Castilla[1], corresponde la época de mayor esplendor del reino nazarí de Granada.

NOTAS

[1] *Alianza con Pedro I*: Muhammad V, que había accedido al trono muy joven, fue destronado por su hermanastro Ismail II, quien a su vez fue asesinado por Mohammad VI, verdadero instigador de la revuelta por la que perdió el trono. En el año 1361 Mohammad V, que contaba con el apoyo de antiguos miembros de su corte en Granada, volvió a la península con el objeto de recuperar el

Patio de los Leones

poder. Estableció un firme pacto de alianza y vasallaje con Pedro I de Castilla y conjuntamente vencieron a Mohammad VI, recuperando así el trono de Granada. Al igual que su amigo y aliado Mohammad V, Pedro I de Castilla también tenía serias disputas territoriales con nobles y reyes cristianos de otros reinos de la Península. Esta fue sin duda una razón más para favorecer una política de alianzas y entendimiento con el rey granadino.

Como en todas las grandes casas y palacios el espacio central está ocupado por un patio alrededor del cual se distribuyen todas las demás estancias. La diferencia con los otros patios está en que aquí el centro lo ocupa una fuente en lugar de un estanque y en la galería porticada que rodea todo su perímetro. Está considerada como la zona más íntima y privada de

Galería del Patio de los Leones

todas. En sus lados mayores hay dos viviendas independientes, una frente a la otra. En los menores, dos salas más abiertas a las que se darían diferentes usos según las necesidades y acontecimientos que se celebraran. El acceso y comunicación interior actual entre los distintos palacios que conformaban la casa del sultán es obra cristiana. Por eso, la entrada a este palacio originariamente no se hacía desde el patio de los Arrayanes, sino desde el exterior, desde la desaparecida calle Real Baja. Por la zona sur-occidental del palacio, muy cerca de la Sala de los Mocárabes.

Rincón de la Sala de los Reyes

Plano del Palacio de los Leones

Dibujo de Ana Campos

1. ***Patio de los Leones***
2. ***Sala de los Mocárabes***
3. ***Sala de los Abencerrajes***
4. ***Sala de los Reyes***
   4a. Alcobas laterales con bóvedas pintadas
5. ***Sala de Dos Hermanas***
6. ***Sala de los Aljimeces***
7. ***Mirador de Lindaraja***

7
6
5
1
4a
4
4a
4a
3

Patio de los Leones

Es el espacio más universalmente conocido de toda la Alhambra, el más dibujado y fotografiado por viajeros y visitantes de todos los tiempos. El centro lo ocupa una fuente con doce leones que le da nombre al patio y a todo el palacio. Mucho se ha escrito sobre su simbología. Quizá la interpretación más extendida es que simboliza «el mar de bronce del templo de Salomón»[2], representado por una gran copa que sujetan doce bueyes —el número de las tribus de Israel— y que, según la descripción que se hace de ella en el «libro de los Reyes», se parecería a esta fuente. En este caso son

[2] El rey Salomón es una importante figura de las tres religiones monoteístas —musulmana, judía y cristiana—. Los musulmanes llamaban a judíos y cristianos como «Ahl-al-kitab», que significa «gentes de libro» (la Biblia-el Antiguo Testamento), de la que incluso ellos asumieron parte de sus tradiciones y revelaciones anteriores a Mahoma. Las tres religiones están emparentadas por Abraham. El rey Salomón era para ellos un rey sabio y uno de sus profetas.

Detalle de la Fuente de los Leones

Patio de los Leones desde la Sala de los Mocárabes

leones, animales que representan el poder real, los que sostienen la taza. Para otros representarían los doce meses del año o los doce signos del zodiaco… Por tratarse de un número del que es fácil encontrar distintas simbologías esotéricas, sus interpretaciones son habitualmente variadas y abiertas. Han existido también diversas teorías sobre la época histórica a que pertenecen estos leones, para muchos anteriores a la taza que sustentan. Esta última, no cabe duda, es de cuando se construyó el patio, del siglo XIV. Hasta hace muy poco existía la teoría de que los leones eran muy anteriores, de los siglos X-XI.

Los estudios derivados de la última restauración llevada a cabo recientemente se inclinan en determinar que posiblemente son también del siglo XIV y se mandaron hacer conjuntamente con la taza. Todo el borde superior de esta está recorrido por un poema tallado, obra del poeta y ministro del Reino «Ibn Zarak». En él se ensalza a Mohammad V y se describe la actitud de los leones y la belleza de la fuente y del agua que se derrama por ella.

A partir del siglo XVI los cristianos cambiaron la configuración original de la fuente con sucesivas actuaciones a lo largo del tiempo. Añadieron una segunda taza más pequeña por encima de la actual y

El Patio de los Leones, *1834. Grabado según David Roberts.*

un gran surtidor, tal y como puede apreciarse en los grabados y fotografías más antiguas del patio. En el año 1966 se le devolvió su apariencia inicial.

Galería este del Patio de los Leones

Todo el patio es un jardín, una alegoría al paraíso, un oasis en el que las 124 columnas de mármol que lo recorren y que se enlazan en su parte superior por arquerías y finos tapices de estuco labrado, podrían simbolizar un bosque de palmeras. También hay quien ha visto en la galería porticada de columnas alineadas que rodea el patio una influencia cristiana, que lo asemeja a los claustros monacales. Idea que vendría amparada por la amistad y alianza de Muhammad V con el rey cristiano Pedro I, que con anterioridad había construido en su palacio, dentro del Alcázar de Sevilla, un patio con muchas similitudes a este.

De cada una de las cuatro alcobas laterales que hay en los costados surge un canal de agua que desemboca en la fuente central. Estos canales representan los cuatro ríos del Paraíso musulmán, que dividen el mundo —como estos canales el patio— en cuatro partes. Si se miran los grabados antiguos y fotografías, el pavimento[3] del patio ha ido cambiando a lo largo del tiempo. No obstante, la última actuación llevada a cabo por el Patronato de la Alhambra ha devuelto a este espacio su aspecto original, que se piensa estaba cubierto por losas de mármol.

[3] Desde la conquista cristiana a nuestros días la solería del patio ha ido cambiando a lo largo de los tiempos. Para acrecentar esa imagen de «jardín», en alguna de las actuaciones emprendidas por los conservadores del monumento llegaron a plantarse flores en toda su parte central, pensando que este sería su aspecto original. Por las últimas investigaciones, se sabe que el pavimento fue de mármol.

Vista general del Patio de los Leones

Sala de los Mocárabes

En esta parte se encontraba la antigua entrada al palacio desde el exterior, por lo que se piensa que esta sala tendría una clara función de vestíbulo o recibidor. Por tratarse de un espacio que no estaba configurado como vivienda tendría un uso más polivalente, al igual que ocurriría con la sala que hay frente a esta, al otro lado del patio. Debe su nombre a la bóveda de mocárabes que cubría toda la estancia y que quedó muy deteriorada por la explosión de un polvorín cercano en 1590, por lo que tuvo que ser demolida.

En esta etapa la sala fue partida por una reja que diferenciaba los espacios a derecha e izquierda. La bóveda de yeso que ocupa parte del techo se corresponde con una de estas partes. Fue realizada con motivo de la visita de Felipe V y su esposa, Isabel de Parma, a la Alhambra a principios del siglo XVIII. Los tres grandes arcos de mocárabes que se abren al patio son el elemento decorativo más importante y mejor conservado de toda la sala.

Sala de los Abencerrajes

Esta dependencia, en el costado sur del patio, fue pensada como una vivienda privada. Estaba cerrada por una puerta de madera que le daba una cierta independencia del patio. A la entrada de la sala hay un pequeño corredor transversal con una puerta a cada lado. La de la derecha conduce a la planta superior; tras la de la izquierda está la letrina[4].

[4] *Letrina*: La casa musulmana empezó a estar provista de letrinas mucho antes que en occidente. La letrina era una de las pocas dependencias de la casa con una funcionalidad propia y diferenciada, ya que las habitaciones de las viviendas musulmanas cumplían diversas funciones a lo largo del día. Se procuraba aislarla lo más posible del resto de la casa con muros o recodos y solía estar colocada lo más cerca posible de la calle o el patio. Estaba aireada y era también habitual que estuviera provista de una pequeña pila o lavadero. Por lo general, consistía en una estructura rectangular elevada sobre el pavimento con una hendidura estrecha y alargada en el centro. Esta abertura se comunicaba con el pozo ciego o el conducto que llevase las aguas residuales.

Sala de los Abencerrajes

Debe su nombre a que, según la leyenda, aquí fueron degollados miembros del poderoso linaje de los Abencerrajes. El espacio se distribuye en una sala central y dos pequeños aposentos laterales, pensados para el descanso. El centro de esta sala lo ocupa una pequeña fuente en la que puede verse reflejada la hermosa cúpula de mocárabes del techo. En forma de estrella de

Techo de la Sala de los Abencerrajes

ocho puntas, representa una bóveda celeste, una nueva alegoría al Paraíso. Sin duda, uno de los elementos decorativos más importantes de toda la Alhambra. La luz se cuela por las celosías de la parte superior y suavemente ilumina toda la estancia. Los azulejos del zócalo de la parte baja no son originales, pertenecen a la fábrica de azulejos de Sevilla y fueron colocados en el siglo XVI.

Sala de los Reyes

Está situada en el costado este del patio. Es una gran sala alargada de más de treinta metros. Por sus grandes dimensiones se piensa que estaría reservada a fiestas y recepciones o como lugar de reuniones. Los Reyes Católicos la usaron como capilla. El espacio rectangular que forma la sala está dividido en tres grandes alcobas cuadradas y dos más pequeñas —una a cada lado— por los extremos. Los tres grandes cuartos centrales están separados por tramos de dobles arcos de mocárabes y están cerrados por linternas y cubiertas independientes. Cada uno de ellos tiene una cúpula de mocárabes. Todos los muros están decorados con zócalos de azulejos y las características yeserías que recubren la mayoría de las estancias de este palacio. A lo largo de toda la sala, por el costado opuesto al patio, se abren cinco alcobas. De ellas, las tres centrales tienen en sus bóvedas unas pinturas muy singulares. Están hechas sobre el cuero que recubre las bóvedas de madera. Han sido muy estudiadas y se piensa fueron realizadas por artistas cristianos. Un ejemplo más de la especial fusión cristiano-musulmana que había en aquella época, donde la influencia entre fronteras y el contagio de culturas entre los habitantes de los reinos estaba a la orden del día.

De las pinturas de estas tres bóvedas, las de la central representan a diez nobles o ilustres musulmanes departiendo. Durante algún tiempo se pensó, al parecer erróneamente, que se trataba de sultanes

Sala de los Reyes

Detalle del zócalo de la Sala de los Reyes

Pinturas en cuero en la Sala de los Reyes

de la dinastía nazarí y de esta creencia tomó el nombre toda la sala. Las pinturas de las otras dos bóvedas muestran escenas caballerescas en las que se mezclan personajes musulmanes y cristianos.

Sala de Dos Hermanas

Al igual que Abencerrajes fue también una vivienda, la estancia principal y más importante de todo este palacio. También estuvo cerrada por una gran puerta de madera que hoy puede verse en el Museo de la Alhambra. Como la otra vivienda, está precedida por un pequeño corredor transver-

sal con puertas a cada lado. Como en aquélla, una para la letrina y otra para las escaleras que conducen a las habitaciones de la planta superior. Debe su nombre a las dos grandes losas de mármol que hay en el pavimento de la sala principal. El espacio se distribuye en torno a una pequeña fuentecilla circular, de la que sale un canalillo que desemboca en la fuente del patio. Tiene igualmente dos alcobas laterales con ventanas abiertas, donde estarían las camas. En la alcoba de la izquierda se abrió una puerta que comunica con los aposentos creados para Carlos V. En sus orígenes, esta vivienda tenía un jardín propio abierto a la muralla norte, desde el que se divisarían bellas vistas. Sobre este jardín se realizaron las reformas llevadas a cabo tras la visita de Carlos V.

Por su rica decoración este es uno de los espacios más importantes de todo el monumento. Tanto por los paños de estuco que cubren totalmente sus muros, como por el zócalo de azulejos de la parte baja, de los más bellos y mejor conservados

Sala de Dos Hermanas

Techo de la Sala de Dos Hermanas

de todos cuantos encontraremos. Por encima de este zócalo un poema de Ibn Zamrak recorre toda la estancia. En él se hace mención a la grandeza de Muhammad y se describe la belleza de esta obra: «¡Cuánto recreo aquí para los ojos! En este lugar hallará el alma un hermoso ensueño». El elemento decorativo más llamativo vuelve a ser la fabulosa cúpula de mocárabes del techo.

A continuación está la Sala de los Aljimeces, una pequeña estancia alargada, cubierta con bóveda de mocárabes, que hace de transición con el Mirador de Lindaraja.

¡Cuántas deliciosas perspectivas contiene mi recinto!
¡Cuántos objetos cuya contemplación
basta para satisfacer las exigencias
de una gloria superior!

Mira esta cúpula; sus elegantes proporciones
oscurecen y menoscaban todas las demás cúpulas.

Las constelaciones extienden hacia ella su mano
en signo de salutación; y la misma luna llena
abandona su curso para conversar con ella.

[IBN ZAMRAK. Extracto de algunos de los versos que recorren los muros de la sala.]

Detalle de las yeserías
de la Sala de Dos Hermanas

Detalle de uno de los zócalos de la Sala de Dos Hermanas

Mirador de Lindaraja

Es un pequeño cuarto separado de Dos Hermanas por la Sala de los Aljimeces, que por su nombre —procede de las palabras árabes «al-Ayn-Dar-Aisa»: los ojos de la casa de Aisa— debió de ser un lugar destinado a la favorita del Sultán. La vista desde este «mirador» en tiempos nazaríes era bien distinta. Abierta al jardín (hoy desaparecido), al valle del Darro y al Albaicín.

El zócalo de azulejos de su parte baja dibuja pequeños mosaicos formando estrellas geométricas. Su rica decoración, al igual que ocurre en la Sala de Dos Hermanas y la mayoría de las estancias de este Palacio, es un exponente de la época de paz y riqueza que entonces atravesaba el Reino de Granada. Merece mención expresa el zócalo que cubre las jambas del arco de entrada, por las inscripciones epigráficas en cerámica de su parte

Mirador de Lindaraja desde la Sala de Dos Hermanas

superior, muy poco frecuentes en la Alhambra. Las ventanas son bajas, porque así lo requiere la costumbre musulmana de sentarse en el suelo sobre cojines y otomanas. El techo está formado por una bóveda de madera con cristales de colores incrustados, recientemente restaurada, que es la única de estas características que se conserva.

Decoración y ornamentación (II):
Temas y motivos decorativos más frecuentes

Si hay algo que caracteriza la decoración de los edificios islámicos, es la existencia de una serie de temáticas o motivos decorativos comunes y casi constantes, que se repiten de manera uniforme, al margen de la técnica o material decorativo que se utilice. Estos grandes motivos decorativos son tres: epigráficos, vegetales y geométricos.

Motivos epigráficos

Aunque en otras culturas no llegó a ser arte decorativo, a excepción de los códices de la cristiandad y algún ejemplo más aislado, en la civilización islámica la utilización de la escritura como motivo decorativo logra sentar una base excelsa. La escritura en los edificios islámicos no sólo cumple una función decorativa, sino también iconográfica, comparable y sustitutiva de la función que tienen las imágenes en el mundo cristiano. Sirve para conservar y manifestar la palabra de Dios. Suele utilizarse para estructurar superficies, separando por ejemplo, en forma de franja, la unión del zócalo de alicatado de un muro, de la parte superior, revestida de estuco; o para enmarcar una ventana, la curva de un arco, o un pórtico.

Por su tipografía encontramos dos tipos de escrituras:

• *Cúfica*: Se caracteriza por su aspecto rectilíneo y angular, proviene de la ciudad de Kufa, en Irak, y es la que primero aparece en la decoración arquitectónica. Es una escritura culta, que solamente sabían leer los eruditos e imanes (sacerdotes). En la Alhambra podemos encontrarla sobre los azulejos del Salón de Embajadores.

• *Cursiva*: La que ilustra esta página. Aparece en la ornamentación arquitectónica, a partir del siglo XII. Se trata de un tipo de escritura de carácter ligado y en forma casi circular y flexible, que en principio sólo se utilizaba en escritos oficiales y administrativos, pero termina por generalizarse, imponiéndose en la ornamentación arquitectónica, al ser la que la mayoría de la gente conoce (la mayoría de la gente que sabía leer y escribir, claro está, pues gran parte de la población no sabía). Casi todas las inscripciones de la Alhambra son de este tipo.

Por su contenido, la mayoría de los escritos que adornan los muros de los edificios son pasajes coránicos. Toda la Alhambra está llena de escrituras religiosas, como el *leit motiv* «SÓLO ALÁ ES VENCEDOR», que se repite hasta el infinito. También las hay de carácter in-

formativo o histórico, que ofrecen datos relativos al significado del edificio, su fecha de construcción o las personas que lo construyeron. En la Alhambra son también muy frecuentes, aunque extremadamente raras en el Islam antes del siglo XIV, las poesías. En ellas se cantan alabanzas al propio palacio, a los sultanes o se hacen alegorías simbólicas. Los dos poetas más ilustres del monumento nazarí son Ibn Zamrak, el más importante, e Ibn al-Yayyab.

Motivos vegetales

Si bien el adorno vegetal ya existía en las artes preexistentes, en las artes decorativas islámicas pasa de ser un motivo secundario a ocupar un lugar central y protagonista, decorando grandes superficies y hasta muros enteros. Esta mirada hacia todo lo que representa la naturaleza tiene una explicación en su fe religiosa, por las continuas referencias que en el Corán se hacen al Paraíso, entendido como «Jardín de la Felicidad».

Podría hacerse una clasificación del adorno vegetal en dos grandes grupos. El primero, sería el integrado por elementos que podrían calificarse como de un «naturalismo más puro»: flores, plantas, árboles, piñas, conchas… Los muros de la Alhambra están repletos de este tipo de motivos, como en el arco mitral que da acceso a la Sala de la Barca, donde hay grabados cinco árboles a cada lado del arco, cada uno con su tronco, sus diferentes hojas y frutos, que representan los jardines del Edén. Otro elemento que aparece multitud de veces, quizá el más importante, son las conchas, que simbolizan el agua, la bendición y la palabra de Alá. Se encuentran por todas partes. Sin embargo, donde su simbología es mayor es en los oratorios, como los del Mexuar y el Partal, en los que aparecen siempre en número de tres, coronando el Mihrab.

El otro tipo de adorno vegetal, que podría calificarse como de un «naturalismo abstracto», es el arabesco, en el que las formas vegetales se desnaturalizan, convirtiéndose en un motivo repetitivo y geométrico. El arabesco es un dibujo «geométrico», cuyo elemento principal es un tallo, que va extendiéndose como una línea continua, hacien-

Detalle de arabesco con piñas y conchas intercaladas, en el Patio de los Leones y en el Mihrab del Oratorio del Partal

do giros, sin límite de crecimiento, a lo largo de toda la superficie del dibujo. De ese tallo se escinden una serie de tallos secundarios frondosos de los que surgen hojas, palmeras o racimos con los que se llenan los espacios vacíos. La simetría y armonía con que el arabesco cubre los espacios está basada en los mismos principios matemáticos que rigen la decoración geométrica pura. En algunos momentos, este tipo de dibujo llega a tener una abstracción tal, que ni siquiera existe ya el tallo conductor, consistiendo en una superposición de hojas o motivos aparentemente vegetales, que de manera dinámica y rítmica conquistan todo el espacio. El arabesco es uno de los motivos más frecuentes en los estucos que decoran los muros de la Alhambra.

Motivos geométricos

Los musulmanes heredaron la utilización de los motivos geométricos aplicados a la decoración de edificios de la arquitectura clásica, pero los perfeccionaron y le dieron un grado de complejidad y desarrollo antes desconocido, convirtiendo la decoración geométrica en una modalidad artística de primer orden. Si bien, los motivos geométricos aparecen en todos los materiales utilizados en la ornamentación arquitectónica (estuco, madera, ladrillo…), es en el revestimiento de muros mediante piezas de cerámica (azulejos o alicatados), donde mayor protagonismo tienen.

En los motivos decorativos que adornan los alicatados en la Alhambra se esconden regularidades geométricas basadas en figuras que se repiten, colores que mantienen un patrón de dibujo y transformaciones geométricas como las simetrías, rotaciones o traslaciones. La geometría de la decoración ayuda a tener percepciones muy diversas. La repetición de motivos amplía el espacio al infinito. Las diferentes maneras de percibir las configuraciones de figuras, según fijemos la vista, invitan a mirar y remirar para sorprenderse cada vez con nuevas imágenes del mismo alicatado. La simetría de las formas se puede percibir como orden y armonía. El color y la geometría bien articulados potencian la imaginación y el disfrute de lo estético. Subyacente a estas técnicas hay siempre una respuesta a un problema clásico en geometría: ¿qué figuras geométricas pueden recubrir una superficie colocando unas junto a otras, sin que dejen huecos ni se superpongan? Analicemos alguno de los dibujos más representativos de la Alhambra.

Una de las configuraciones más representativas, conocida como «la pajarita», la encontramos, entre otros lugares, en alguno de los zócalos del Patio de los Arrayanes. El espacio se estructura mediante triángulos equiláteros iguales. Se parte siempre de un triángulo, al que modifica cortándole

Figura 1

Detalle de cerámica en la Sala de la Torre de las Damas

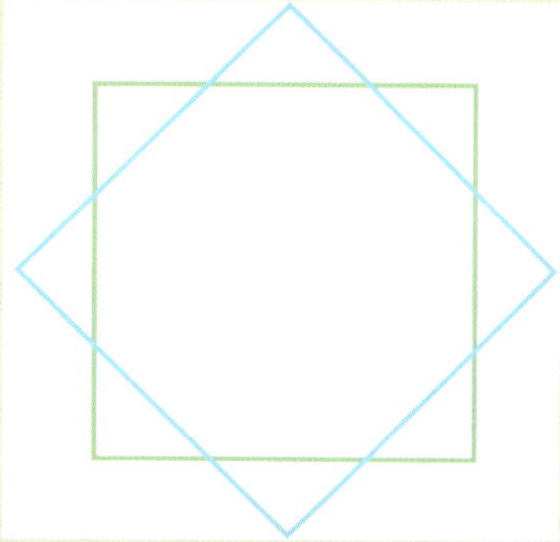

Figura 2a

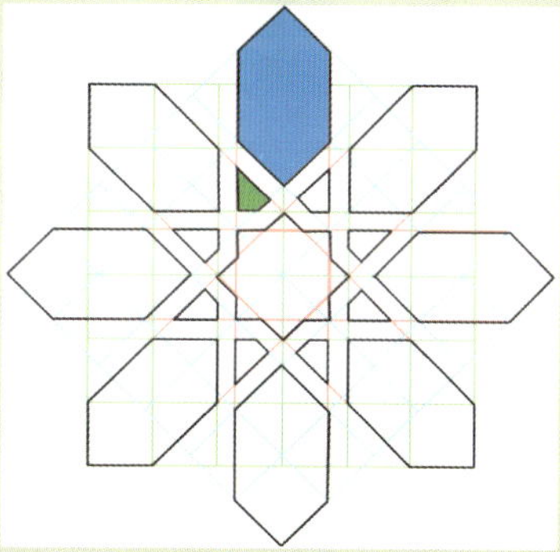

Figura 2b

tres segmentos circulares. Estos segmentos se recolocan para mantener la superficie del triángulo original. Así es como se obtiene la forma final de esta pajarita tan conocida. Una estrella de seis puntas y un hexágono, colocados de forma alternativa en el centro, completan la configuración. La *Figura 1* muestra el esquema gráfico del dibujo final en conjunto.

Otra de las formas que con más frecuencia aparece es la estrella, que se encuentra en infinitas combinaciones (de 8, 16 o más puntas), originadas por la rotación de cuadrados. Pongamos como ejemplo el de una estrella de 8 puntas, que se origina por la rotación de un cuadrado con un ángulo de 45° [*Figura 2a*]. La trama de cuadrados pequeños en que se divide cada cuadrado sirve de guía para trazar las figuras que componen la estrella y los lazos del dibujo [*Figura 2b*]. La composición final, tal y como muestra la fotografía que acompaña las figuras, puede combinar estrellas de diferente número de puntas, ensambladas entre sí, formando una red, en la que el lazo es el motivo decorativo que unifica y recorre todo el dibujo. La impresión final es la de una especie de laberinto sin fin compuesto por múltiples formas coloreadas que, vistas en su conjunto, expresan otra perspectiva del paisaje geométrico.

LOS PALACIOS

Dependencias Cristianas

Fueron pensadas como alojamiento del emperador Carlos V y la emperatriz Isabel en sus futuras visitas a Granada, tras su primera estancia en la ciudad.

PÁGINA

Vista del Albaicín desde la galería del Peinador de la Reina

Cuando los Reyes Católicos entran en la Alhambra en 1492 quedan sorprendidos por la belleza de los Palacios Nazaríes, hasta el extremo de fijar aquí su residencia para sus estancias en Granada, llamando desde entonces a estos palacios como «Casa Real de la Alhambra». Emprendiendo desde un primer momento obras para reformar a su gusto y conservar lo que desde esa fecha ya serían propiedades de su corona.

Cuando su nieto Carlos V viene a Granada en el año 1526 con motivo de su viaje de bodas se alojó en la Alhambra, quedando igualmente admirado de este lugar. Por eso, en el año 1528 se aprobó construir aquí unas dependencias pensadas como alojamiento del Emperador y su familia en sus visitas a Granada. Estas obras transformaron lo que antes eran unos jardines abiertos a la muralla en un espacio cerrado, integrado por dos patios contiguos y sus galerías. También se acometió en esta zona, en la parte superior de la antigua torre de Abu-Hayyay (Yusuf I), la construcción de otra estancia más dedicada a la Emperatriz Isabel.

Carlos V tenía un plan mucho más ambicioso y mayor que ejecutar en la Alhambra; la construcción del gran palacio renacentista que llevaría su nombre. No obstante, como quiera que las obras de este nuevo palacio serían costosas y no cortas en su realización, estas nuevas dependencias cumplirían su función en tanto este se ejecutara.

Galería superior del Patio de Lindaraja

Plano de las Dependencias Cristianas

Dibujo de Ana Campos

1. *Habitaciones del Emperador:*
   1a. Despacho del Emperador
   1b. Habitaciones de Washington Irving
   1c. Salas de Frutas
2. *Patio de Reja*
3. *Patio de Lindaraja*
4. *Peinador de la Reina*

4
1b
1b
1c
1c
3

Habitación del Despacho del Emperador.
Es la primera de las seis habitaciones que conforman las Dependencias Cristianas.

E M P E R A D O R

Son seis habitaciones que se mandaron construir en el plan de obras que siguió a la primera visita del Emperador Carlos V a la Alhambra. Habitaciones que, aunque austeras, fueran más acordes con la forma de vida y habitabilidad del espacio occidentales. Curiosamente una vez finalizadas nunca fueron utilizadas por el Emperador ni su esposa. Se accede a ellas a través de un pasillo que empieza en una de las alcobas laterales de la Sala de Dos Hermanas. La primera es conocida como la habitación del «Despacho del Emperador», de la que merecen mención su gran chimenea y el techo de cuarterones con el lema «Plus Ultra» y las iniciales imperiales K e Y (Karolo e Ysabel). A continuación hay una habitación que hace de distribuidor de los espacios. A la derecha, las cuatro estancias que completan este cuerpo de habitaciones, pensadas como dormitorios del Emperador y la Emperatriz. También son conocidas como las «habitaciones de Washington Irving[1]», autor de los *Cuentos*

NOTAS

[1] Washington Irving nació en Nueva York en el año 1783. Diplomático, historiador y viajero llegó a Granada en la primavera de 1829. Durante algún tiempo vivió en la misma Alhambra, entonces habitada. En sus muros, en las voces de sus vecinos y en los cronistas musulmanes encontró la inspiración para escribir sus cuentos, a caballo entre la historia y la leyenda, hoy universales. El éxito de esta obra atrajo a Granada a viajeros y artistas de otros países, dispuestos a descubrir la magia y belleza de todos estos lugares descritos por Irving.

Una de las habitaciones ideadas como dormitorio de los emperadores

Una de las dos Salas de Frutas

de la Alhambra, que vivió en ellas en el año 1829. Dan al ala norte del Patio de Lindaraja, en la parte superior. Las dos primeras son de dimensiones mayores a las dos segundas, que son conocidas como «Salas de Frutas», por los dibujos de sus techos. Estos dibujos son obra de Julio Aquiles y Alejandro Mayner.

Patios de la Reja y de Lindaraja

Son dos bellos patios, el uno junto al otro, que resultaron de las reformas emprendidas en esta zona de la Alhambra para construir las habitaciones de Carlos V.

Al primero de ellos —el de la Reja— se accede a través de un pasillo aéreo construido en época cristiana desde donde se divisa una bella panorámica del Albaicín, el Sacromonte y el valle del Darro. Es un recoleto y elegante patio de estilo italiano, con una pequeña fuente en el centro. Recibe su nombre de la reja a modo de balcón que recorre la parte superior de su pared sur. También es conocido por «Patio de los Cipreses», por los cuatro árboles centenarios de esta especie que lo adornan.

Patio de la Reja.
También conocido como Patio de los Cipreses.

El segundo patio está situado justo debajo del «Mirador de Lindaraja», del que toma el nombre. Las galerías porticadas de su parte baja fueron hechas con columnas traídas de otros lugares de la Alhambra. En la parte alta están las habitaciones de Carlos V. El centro lo ocupa una fuente de traza cristiana. La taza de mármol blanco de la parte superior es nazarí y fue sustituida por una réplica en 1995 para ser restaurada.

Patio de Lindaraja

Pequeña galería que rodea el Peinador

PEINADOR DE LA REINA

Peinador de la Reina desde su galería de entrada

Este recoleto espacio es el resultado de las reformas llevadas a cabo en la parte superior de la antigua torre de Abu-Hayyay (Yusuf I) en el año 1537, dentro de las actuaciones programadas tras la primera visita de Carlos V a la Alhambra. El objetivo de estas obras fue habilitar este espacio para ser disfrutado por la Emperatriz Isabel, que al parecer nunca las habitó. Años después, Isabel de Parma, esposa de Felipe V si estuvo en esta estancia. A este viaje, al rey Felipe y a su esposa dedica Irving uno de sus cuentos, de los más hermosos, el de «La Rosa de la Alhambra»[2].

[2] *La Rosa de la Alhambra*:

En esta historia, una bella pero humilde joven huérfana, que vivía con su tía en una de las torres de la Alhambra queda perdidamente enamorada de un paje de la reina Isabel de Parma, al que conoció cuando los Reyes se hospedaron en la Alhambra en su viaje a Granada. Al final de la historia, la bella joven —a la que la propia reina Isabel hace traer a la corte— cura con su canto y las mágicas notas de un laud al mismo rey Felipe, enfermo de melancolía y pesadumbre. Gracias a esta curación y a los favores de la reina terminó por casarse con aquel apuesto y noble joven del que años atrás se había enamorado en la Alhambra.

Techo del Peinador

La parte superior de esta torre, la de la reforma cristiana, tiene una sala o antecámara que da acceso a una pequeña estancia, el tocador. El suelo de este tocador ha sido suprimido devolviendo a este espacio su función de linterna. Por fuera, rodeándolo, hay una bella galería a la que también se accede desde la antecámara primera. Las paredes están decoradas con pinturas al fresco de los pintores italianos Julio Aquiles y Alejandro Mayner, que representan escenas de la expedición de Carlos V contra Túnez (en la antecámara) y escenas mitológicas, angelotes, figuras florales y animales pequeños (en el tocador).

Antecámara del Peinador de la Reina

LOS PALACIOS
Baños Reales

Pertenecían al Palacio de Comares y, tras la conquista, se conservaron y habilitaron para el uso de los reyes cristianos. Al contrario que el resto de los baños de la Alhambra que fueron destruidos.

PÁGINA

Alzado de los Baños, según dibujo de Owen Jones, 1842-1845.

Su construcción se realiza en el reinado de Yusuf I (1333-1354). Se conocen como los «Baños del Palacio de Comares» porque pertenecían a este palacio. Originariamente se accedía a ellos desde una de las dependencias de este palacio. El baño para el musulmán era una obligación religiosa, ya que el Corán obliga a la limpieza corporal para tener limpieza espiritual. También es un espacio de convivencia social. No se entiende una ciudad musulmana medieval sin baños. En la Alhambra hubo muchos; algunos públicos, como que el había junto a la Mezquita, que continúan existiendo y pueden visitarse; y otros privados. Todos los palacios importantes de la Alhambra estaban provistos de sus propios baños[1].

Los musulmanes organizan sus baños a partir de la estructura de las termas romanas pero realizando sobre las mismas pequeñas modificaciones. Normalmente se dividen en cuatro salas, que también existen en el baño romano: La primera, el «apoditerium», que es una sala seca, de cambio de ropa o estancia y reposo para después del baño. Las otras tres, «frigidarium», «tepidarium» y «caldarium» serían las salas húmedas o de baño propiamente dichas, con agua, altas temperaturas y vapor en el ambiente. La gran diferencia estaría en el «frigidarium» o sala fría, que en la Alhambra, más que una sala, sería una especie de vestíbulo en el que no hay ninguna piscina, como tenía el «frigidarium romano»; sino una pequeña pila para las abluciones. Los cristianos hicieron algunas reformas para adaptarlos al uso que querían darle y abrieron algunas puertas. Algo impensable en su origen, pues debilitaría ese aislamiento primitivo del baño musulmán, tan necesario para evitar pérdidas de aire caliente y proteger la intimidad.

SALA DE INMERSIÓN HORNO

NOTAS

[1] Por los restos arqueológicos que se han ido descubriendo, se sabe que había baños en todos los palacios importantes de la Alhambra; la Alcazaba, el Generalife, el Palacio de Yusuf III o incluso el Palacio de los Leones son algunos ejemplos. La razón de que la casi totalidad de los baños desaparecieran está en el hecho de que, tras la conquista, los baños fueron prohibidos por Cédula Real, pues los cristianos los consideraban como un símbolo de las prácticas religiosas musulmanas.

Estos del Palacio de Comares han sobrevivido gracias a que, por formar parte de su nueva Casa Real, fueron habilitados para uso de los reyes cristianos. Los baños públicos de la Mezquita (Baños del Polinario) se han conservado también porque estaban ocultos, en el interior de una vivienda moderna. Al ser derribada aparecieron casi en su totalidad.

Sala de Reposo

Sala de Reposo
Apoditerium

No la había en los baños públicos, o al menos con la importancia y suntuosidad que tiene en estos Baños Reales. Aquí se procedía a desnudarse cuando se iniciaba el baño y una vez terminado este, se regresaba aquí para descansar. Presenta dos camas o divanes a ambos lados, que en su época estarían cubiertos con cojines y tapices. Tiene la peculiaridad de tener

dos plantas. Según la tradición, en la galería superior, grupos de músicos o cantores recitarían versos o tocarían instrumentos. Es una de las salas más restauradas de la Alhambra y aunque mantiene muchos de sus elementos originales, quizá ha quedado un poco desvirtuada por el exceso de color con que se repintaron sus muros de estuco.

SALA FRÍA
FRIGIDARIUM

No es un auténtico «frigidarium», más bien una especie de vestíbulo o zona de paso y aclimatación a las otras salas más calientes. No tiene la piscina de agua fría que había en las termas romanas, sino que esta se sustituye por una pequeña pila, que se utilizaría para las abluciones parciales.

SALA DE VAPOR
TEPIDARIUM

Esta sala estaría cerrada en época medieval, de manera que no se produjeran pérdidas de vapor, por lo que la puerta que actualmente hay en el muro este no existiría. Es la pieza central y más importante de los baños, la más larga. Sobresalen en ella las lucernas en forma de estrellas de su techo abovedado. Estas lucernas podrían haber estado cubiertas en su origen por vidrieras de colores. Por los canales del suelo corría agua y,

Sala de Vapor

como el mármol era calentado por conductos subterráneos, se produciría vapor en abundancia en el ambiente. A uno y a otro lado, separadas del espacio central por triples arquerías, hay sendas alcobas en las que se supone que los bañistas permanecerían sentados o acostados para recibir el masaje.

Sala de Inmersión
Caldarium

Esta sería la sala que alcanzaba mayores temperaturas. Colindaba con la pared del horno. Por debajo de ella discurre el «hipocausto», que es un conducto subterráneo por el que circulaba aire caliente que fluía del horno y calentaba el suelo de todo el «caldarium». Por esta razón, los bañistas estaban provistos para moverse de un calzado de suela gruesa que les protegiera los pies, pues el suelo podía alcanzar altas temperaturas. En esta sala hay dos compartimentos, cada uno con una pila. Una con agua caliente que era suministrada desde la caldera y otra con agua fría. La pila de la derecha se conocía como «Baño de la Sultana». La de la izquierda, más grande, era conocida como «Baño del Sultán». Sobre esta última hay un nicho en el que puede leerse una inscripción dedicada a Yusuf I.

Dependencias del Horno

Estaban al otro lado del muro sur de la Sala de Inmersión, mucho más delgado para que se transmitiera a ella el calor. Estas dependencias estaban incomunicadas del resto de los baños. No solo para impedir el paso de humo a las zonas de baño sino también para que los trabajadores del horno, leñadores y demás personas que no eran personal de servicio del palacio, no pudieran acceder a este espacio tan íntimo. Además, el trasiego de tareas para alimentar con leña la caldera rompería el clima de silencio y tranquilidad que debiera haber en las salas de baño. La entrada a estas dependencias se hacía por el exterior del palacio, desde la desaparecida «calle de los leñadores».

Baño del Sultán, en la Sala de Inmersión.

El Partal y las Torres

Este espacio estuvo ocupado por hermosas residencias donde vivieron algunas de las familias más ilustres de la Alhambra. Aquí están también las torres más bellas que, por su riqueza interior, son como pequeños palacios.

PÁGINA

Los Jardines del Partal. Al fondo, la Torre de las Damas.

NOTAS

[1] *Palacio de Yusuf III*: Fue construido por Yusuf III y aunque en la actualidad de él solo quedan restos arqueológicos, se sabe que era uno de los palacios más grandes e importantes de la Alhambra. En época cristiana los Reyes Católicos lo cedieron al primer alcaide de la Alhambra, don Íñigo de Mendoza —Conde de Tendilla y Marqués de Mondéjar—.

¿Cómo pudo desaparecer, casi en su totalidad, un edificio de tal belle-

En tiempos nazaríes este espacio estuvo ocupado por residencias nobles y hermosos palacios habitados por las familias más ilustres de la Alhambra. Gran parte de estas edificaciones han desaparecido y sobre sus restos arqueológicos, ajardinados, se planificaron a comienzos del siglo XX los Jardines del Partal. Son un lugar de deleite y sosiego para el visitante. En la parte alta están los vestigios del Palacio de Yusuf III[1], que tras la conquista cristiana fue la residencia de los alcaides de la fortaleza. Aquí empieza el recorrido que nos lleva hacia el Generalife, y donde se encuentran las torres más bellas y legendarias de toda la Alhambra, orientadas hacia el Albaicín, auténticas residencias palaciegas pensadas más para la vivienda y el disfrute del paisaje que para la defensa.

za y envergadura? La explicación está en que, cuando se produce el conflicto sucesorio por la corona de España entre los Borbones y los Austrias, los descendientes del Conde de Tendilla dieron su apoyo a la Casa de de los Austrias. Por eso, cuando los Borbones por fin acceden al trono, en represalia, quitan a esta noble familia granadina la alcaldía de la Alhambra y la posesión de este palacio. Los Tendilla, enrabietados, antes de abandonarlo, decidieron destruirlo, para que nadie más pudiera ocuparlo.

La Torre de las Damas y el Albaicín

El Partal y las Torres

Dibujo de Carlos Quintanilla

1. *Torre de las Damas*
2. *Oratorio*
3. *Torre de los Picos*
4. *Torre del Cadí*
5. *Torre de la Cautiva*
6. *Torre de las Infantas*
7. *Restos del Palacio de Yusuf III*

4
5
6

Palacio del Partal (Torre de las Damas)

El Palacio del Partal (pórtico) da nombre a todo este espacio y es el más antiguo de la Alhambra, de la época de Muhammad III (1302-1309). Una torre con una galería porticada de cinco arcos y un estanque son los elementos que nos permiten identificar lo que en su día sería un palacio. Desde el siglo XVI también se le conoce como Torre de las Damas.

Hay tres espacios bien diferenciados: la GALERÍA PORTICADA, en la que debe prestarse atención a su techo de madera; la SALA, al fondo, de la que hay que destacar los zócalos alicatados de la parte baja de sus muros; y el MIRADOR SUPERIOR con yeserías de enorme valor por su belleza y antigüedad. El techo de este mirador, en forma de cúpula y de madera tallada, es una copia. El original se encuentra en el Islamisches Museum de Berlín. Habitualmente no se encuentra abierto al público.

Unas casitas árabes y un precioso oratorio lindan con los restos de este palacio. En sus proximidades se ubica la Rauda o cementerio real de la dinastía nazarí.

Restos del Palacio del Partal. Desde el siglo XVI se conoce también como Torre de las Damas.

Oratorio del Partal

*Detalle del pórtico
de la Torre de las Damas*

*Estanque y Jardines
del Partal*

Ventana de la Torre de los Picos

Torre de los Picos

Vista desde el exterior es la más peculiar de todas las torres de la Alhambra, por las almenas (ménsulas) de su terraza en forma de pico de las que toma el nombre. Su construcción es de finales del siglo XIII o principios del XIV. Tiene tres cuerpos y por la decoración interior de alguna de sus plantas podría encuadrarse dentro de la tipología de torres-vivienda. La torre protegía y estaba incorporada a la Puerta del Arrabal, uno de los dos accesos al recinto por el flanco norte, paso y salida natural hacia el Generalife.

Tras la conquista los cristianos la ampliaron, construyendo un baluarte exterior y unas caballerizas, quedando la torre y la puerta en el interior y como puerta exterior la del baluarte, llamada Puerta de Hierro.

Torre de los Picos

Baluarte y caballerizas. Edificaciones cristianas, exteriores a la Torre.

Vista desde el interior de la Torre

Motivo decorativo de una de las ventanas

Planta baja

Restos de pinturas en el techo de la planta superior

Torre de la Cautiva

Es como un pequeño palacio dentro de una torre. Tiene una estructura muy similar a la de cualquier vivienda de la Alhambra con planta superior y terraza. Fue construida en el siglo XIII, aunque su decoración interior y su configuración como vivienda corresponden a época de Yusuf I (1333-1354), tal como se desprende de las inscripciones que hay en la estancia principal.

Torre de la Cautiva desde el Paseo de las Torres

Debe su nombre actual al hecho de que, según la leyenda, aquí vivió cautiva la dama cristiana Isabel de Solís[2], que con el tiempo se convertiría al Islam y sería la favorita del rey Muley Hacem.

Lo más destacable de su interior es la profusa decoración en estuco de los muros y sus zócalos alicatados de azulejos, de los pocos que llevan inscripciones de cerámica en su friso superior.

[2] Isabel de Solís era una doncella cristiana hija del comendador de Martos, Don Sancho Jiménez de Solís. Era muy común en aquella época, sobre todo en las zonas fronterizas entre los reinos cristiano y musulmán, que se produjeran continuas emboscadas y acciones militares o, para conquistar territorios o, con el único fin de asaltar poblaciones, hacer botín y capturar cautivos por los que luego pedir un rescate a las familias. Esta doncella fue capturada por soldados nazaríes y traída como cautiva a la Alhambra. Era tan bella, que el sultán Muley Hacén se enamoró de ella. Se convirtió al Islam con el nombre de Zoraya —«Lucero del Alba»— y se casaron. Este matrimonio provocó los celos y las luchas políticas con la hasta entonces favorita y primera mujer del sultán, Aixa, madre de Boabdil. Fueron tales las tensiones e intrigas en la corte ante esta relación con una antigua cristiana que Muley Hacén, que ya no tenía el favor del pueblo, terminó por abdicar en favor de su hermano, el Zagal, mucho más popular que él.

Cuando los Reyes Católicos tomaron Granada Zoraya partió para el exilio junto con su marido y sus hijos. Al parecer, cuando murió Muley Hacén, esta volvió a adoptar la religión católica.

Detalle de las yeserías del interior de la Torre

Interior de la Torre de la Cautiva

Epigrafías en cerámica en el zócalo de los muros

Interior de la Torre de la Cautiva

Motivos decorativos en una de las ventanas

Torre de las Infantas

Es también una torre-palacio muy parecida en su estructura a la de la Torre de la Cautiva con planta superior y terraza. Es una de las últimas realizaciones de la Alhambra musulmana, de la época de Muhammad VII

(1392-1408), que corresponde a un periodo ya decadente del reino nazarí y que se refleja en una decoración mucho más sencilla. El espacio central lo ocupa un patio con una fuentecilla en torno al cual se distribuyen tres alcobas adyacentes. La planta superior apenas tiene decoración. El techo original era de mocárabes pero fue destruido por un terremoto en el siglo XIX y sustituido por el actual de madera.

Su nombre actual proviene de que, según la leyenda de «Las tres hermosas princesas»[3], que describe Washington Irving en sus *Cuentos de la Alhambra*, en esta torre vivieron tres princesas árabes: Zaida, Zorayda y Zorahaida.

[3] Leyenda de «Las tres hermosas princesas»: Según esta leyenda, había un rey moro en Granada al que sus súbditos llamaban «el Zurdo», que tenía tres hijas. Los astrólogos anunciaron al rey que sus hijas de mayores serían tan bellas, que sería bueno mantenerlas fuera de las miradas e instintos masculinos. Por esta razón, de niñas las hizo vivir lejos de la corte, en el Castillo de Salobreña. Ya mujeres, en edad de matrimonio, las trajo a la Alhambra, donde vivían casi encerradas en la Torre de las Infantas. Aunque vivían rodeadas de lujos, con la sola compañía de una vieja cuidadora, se sentían muy desdichadas. Quiso la fortuna que un día se enamoraran de tres valientes y apuestos caballeros cristianos a los que su padre tenía prisioneros en espera de que sus ricas familias pagaran un rescate. La historia termina con dos de las princesas escapando a tierras cristianas con los nobles caballeros.

Exterior de la Torre de las Infantas entre las huertas del Generalife

Taca a la entrada de una de las alcobas de la Torre

Vista general del interior de la Torre

Detalle de las cerámicas del zócalo

Ventanas de la planta superior y techo de la Torre. Este techo de madera es una reconstrucción, el original era de mocárabes.

Vista de las torres y el Albaicín

Carlos V, el gran emperador de Occidente

Carlos I de España y V del Sacro Imperio Romano Germánico nació el 24 de febrero del año 1500 en Gante. Por la política de matrimonios concertados que en su día planificaron sus abuelos para sus hijos, heredó para gobernar una gran cantidad de reinos y territorios, no solo en Europa sino también América. Su madre era la Princesa Juana, hija de los Reyes Católicos, Isabel I de Castilla y Fernando II de Aragón. Su padre era el Archiduque Felipe, Hijo de Maximiliano I de Habsburgo, Emperador del Sacro Imperio Romano Germánico, y de María de Borgoña.

Pero además en este personaje se dio otra circunstancia y es que, unas veces por muertes algo prematuras, como la de su padre, y otras por enfermedad (su madre fue incapacitada por su abuelo Fernando), tuvo que acceder al poder y la regencia de estos territorios a muy temprana edad, en algunos casos incluso siendo un joven casi adolescente.

De su abuela paterna, María de Borgoña, heredó los Países Bajos. De su abuelo Paterno, Maximiliano de Habsburgo heredó el Imperio Alemán y sus territorios. De su abuelo materno, Fernando de Aragón, el Reino de Aragón y las conquistas italianas como Cerdeña, Nápoles y Sicilia. De Isabel de Castilla, su abuela materna, el Reino de Castilla, Navarra, Canarias y todos los territorios de las Indias.

Su gran preocupación como gobernante fue mantener la unidad de todo este Imperio para que no se dividiera y que todos estos países que heredó, tan distintos y dispares, tuvieran un vínculo que los cohesionara. El cristianismo y la religión católica fueron el elemento unificador común en el que se basó para conseguir esta unidad. Sin embargo, tan poco esta empresa le resultó fácil, al contrario, fue precisamente en sus dominios del centro de Europa donde surgió la Revolución Protestante de Lutero que causó el gran cisma de la Iglesia Católica y la división de los creyentes. Esto le supuso un enorme gasto de energía para intentar mantener unidos a sus súbditos. Tampoco la política exterior le facilitó las cosas por las continuas guerras a lo largo de su vida con los franceses y los turcos.

En lo que respecta a España tardó mucho tiempo en ganarse el respeto y la aprobación de los españoles y no le resultó nada fácil. Carlos era visto como un joven inexperto y extranjero, que ni siquiera sabía hablar castellano ni había vivido nunca en el país;

habiendo sido educado en los Países Bajos, según las costumbres y el pensamiento centro europeo. Incluso su hermano Fernando, que fue educado aquí, contaba en principio el favor de su abuelo Fernando y el de los castellanos para la sucesión. No obstante, y dado el poder y la gran herencia que podría llegar a aglutinar en su persona, su abuelo le nombró en su último testamento su sucesor con derecho a todas las coronas españolas y sus posesiones, que también comprendían las de su abuela Isabel, fallecida años atrás. Este derecho no lo tuvo en solitario, lo compartía con su madre. Sin embargo, como esta, a causa de una enfermedad mental, había sido incapacitada y recluida en el castillo de Tordesillas, fue el joven Carlos el que desde un principio ejerció todo el poder.

A la muerte de Fernando el Católico en 1516 el joven príncipe se convirtió en Carlos I de España. Carlos no vino a España hasta septiembre de 1517, rodeado de una corte de flamencos con los que pensaba contar como colaboradores y consejeros en el gobierno de aquí. Esta torpe llegada no le hizo mas que ganarse la desconfianza y oposición de los españoles. Circunstancia que se agravó con el hecho de que, una vez las distintas cortes de sus reinos le juraron pleitesía, abandonara el país para resolver urgentes asuntos en otros territorios de Europa. En su ausencia dejó aquí, ocupando los puestos de mayor confianza del gobierno, a sus colaboradores flamencos. Fueron años de continuas revueltas y protestas en los distintos reinos de España en contra del nuevo rey.

Carlos I volvió en 1522, ya como el Emperador Carlos V, habiendo heredado la corona imperial como sucesor de su abuelo Maximiliano de Habsburgo. Esta vez si que permaneció bastantes años en España e hizo por comprender su cultura. Aprendió a hablar castellano y puso a españoles en los puestos más importantes del gobierno. Poco a poco fue sintiendo un profundo amor por España que, de alguna manera, cambió radicalmente la percepción que de él se tenía aquí, ganándose el respeto del pueblo.

El 11 de marzo de 1526 se casó en Sevilla con su prima, la princesa Isabel de Portugal, de ascendencia Española, pues era también nieta de los Reyes Católicos. En su viaje de bodas visitó algunas de las ciudades más importantes del país, ganándose de nuevo el afecto de los españoles. Fue precisamente con motivo de este viaje cuando vino a Granada, quedando sorprendido de la belleza de la Alhambra y de esta ciudad tan deseada en otros tiempos por sus abuelos, los Reyes Católicos. Por esta razón, tras su visita, ordenó construir en la misma Alhambra un gran palacio que llevaría su nombre.

En el año 1555, después de una intensa vida, cansado y derrotado en la idea de mantener la unidad del imperio, abdicó en su hijo Felipe y en su hermano Fernando, repartiendo entre ellos los territorios más importantes del mismo. El título de emperador y todos los territorios asociados al Imperio Alemán pasaban a este último. Los Países Bajos, España, las Indias y las posesiones en Italia se le atribuyeron a Felipe. En 1557 Se retiró a descansar, meditar en Dios y prepararse para la muerte al Monasterio de Yuste en Cáceres. Murió en este lugar el 21 de septiembre de 1558.

IMP CAES KAR · P · V

Palacio de Carlos V

Cuando Carlos V viene a Granada en 1526, decide construir un palacio renacentista en la misma Alhambra, que sería conocido como la «Casa Real Nueva».

Cuando Carlos V vino a Granada con motivo de su viaje de bodas con la Emperatriz Isabel de Portugal en el año 1526 se alojó en la Alhambra, quedando sorprendido por su belleza y la de la ciudad. Por tal motivo, manda construir en el corazón de la Alhambra un palacio que fuera digna morada del Emperador del Sacro Imperio Romano y que expresase el triunfo de la Cristiandad frente al Islam.

Fachada principal del Palacio de Carlos V

Carlos V hizo responsable del encargo al Marqués de Mondéjar, Gobernador de la Alhambra. Las obras se iniciaron en el año 1527 bajo la dirección del arquitecto Pedro Machuca, que había trabajado en Italia como discípulo de Miguel Ángel. En 1550 muere Machuca y sigue con las obras su hijo Luis, al que siguió Juan de Orea, ya en el reinado de Felipe II, aconsejado por Juan de Herrera (arquitecto del Monasterio del Escorial).

Detalle de la fachada almohadillada del Palacio

Desde un principio la fuente de financiación más importante de las obras fueron los impuestos obtenidos de los moriscos granadinos, por lo que la rebelión de estos y su posterior expulsión dificultó la continuación del proyecto. Dificultades que continuarían debido a las sucesivas crisis de financiación y al desinterés que a lo largo de los años mostraron los reyes españoles. Tal fue el abandono y falta de recursos que hasta el año 1929 el palacio no fue techado.

El edificio fue proyectado y pensado utilizando las fórmulas clásicas de la antigüedad greco-romana, símbolo del poder y perfección, rescatadas del renacimiento italiano. Impacta la soberbia grandiosidad del palacio frente a

Detalle del frontón de la puerta de la fachada sur

Uno de los medallones de la fachada principal

Bajorrelieves del pedestal de las columnas ornamentales de la fachada principal

Galería superior del Palacio

las humildes escalas de los edificios nazaríes. Las fachadas más importantes son la sur y la oeste. En ellas sobresalen sus portadas y la diferencia decorativa de sus dos cuerpos, inferior y superior.

El primero de ellos es almohadillado, al estilo toscano. El superior apunta detalles de una tradición renacentista tardía con frontones y cornisas de estilo jónico en sus ventanas. La portada sur daba entrada a los aposentos de la emperatriz y se distingue decorativamente de la portada oeste, que da acceso a la zona palatina del emperador, fachada principal y entrada al palacio.

Mención expresa merecen los cuatro bajo relieves de mármol en el pedestal de las columnas de esta fachada principal, que refieren escenas de la Batalla de Pavía, alegorías al triunfo y a la paz que trae el final de la guerra, angelotes que sostienen el mundo con la corona imperial, las columnas de Hércules... Los dibujos de estos relieves son de Machuca y los mármoles los tallaron Juan de Orea y Leval.

Quizá lo más sorprendente y novedoso para la época fue la forma elegida para su planta que inserta un patio circular en un edificio de forma cuadrada, dos formas geométricas simples y perfectas. Ya en el interior, el patio sobrecoge por su austeridad y la sencillez de las columnas de sus dos plantas; la inferior con treinta y dos columnas de estilo dórico y la superior con columnas de estilo jónico. El patio no se terminó tal y como lo ideó Machuca. El palacio alberga dos importantes museos: el MUSEO DE LA ALHAMBRA, que por su colección de arte nazarí es visita obligada para comprender la vida cotidiana de los habitantes de la Alhambra; y el MUSEO DE BELLAS ARTES, que contiene obras de pintura y escultura de la célebre escuela barroca granadina (siglos XVII a XVIII) y de época moderna.

Patio circular y doble galería del interior del Palacio

El agua de la Alhambra: la Acequia Real

Cuando Muhammad I (al-Ahmar) planifica construir su palacio a extramuros de Granada, en la colina de la Sabika, y la Alhambra pasa a ser concebida no solo ya como una fortaleza sino también como una ciudad palatina, una de las primeras obras que tuvo que afrontar fue dotar de agua este lugar. La Sabika estaba separada de la ciudad por el río Darro, que quedaba a sus pies, en una cota muy inferior a ella. Hay estudios que mantienen que siglos atrás ya pudiera existir alguna estructura hidráulica orientada a llevar agua de este río a la Sabika, aunque no se ha encontrado una clara prueba arqueológica que lo demuestre con certeza. Sin embargo, sí que está probado que fue la construcción de la «Acequia del Rey», también conocida como «Acequia Real» por parte de al-Ahmar, en la primera mitad del siglo XIII, la obra que posibilitó regar esas tierras e hizo viable todo este plan.

La acequia tomaba el agua de una presa, que se construyó en el río Darro seis kilómetros más arriba de la Alhambra. Allí nacía y conducía el agua al Cerro del Sol, donde está el Generalife, que era un espacio agrícola del que se abastecía toda la ciudad palatina y que además de monte contaba con cuatro grandes huertas. Tres de ellas estaban al nivel que recorría la acequia (Colorá, Grande y Fuentepeña) y otra en una cota más alta (la Mercería). Desde el Generalife la acequia pasaba a la Alhambra a través de un acueducto construido por encima del barranco de la Aikibía (actual Cuesta de los Chinos) que separaba la ladera sur del Cerro del Sol de la colina de la Sabika.

En un principio la Acequia Real solo era aprovechada por las tierras colindantes a su paso. Poco a poco se le fue incorporando un sistema de ramales y canalizaciones que permitieron ampliar la superficie que regaba. Incluso se ideó un sofisticado sistema con el que se pudo llevar el agua de la acequia a terrenos muy por encima del nivel por el que esta transcurría, en las laderas superiores de la finca. Esto lo consiguieron con la construcción de los «Albercones», una obra que permitía almacenar agua en las partes más altas y desde allí redistribuirla y poder ampliar la superficie cultivable.

La primera alberca que se hizo y la más grande es la de «Las Damas», por encima del Palacio del Generalife (hoy todavía existe). Mediante un complejo sistema hidráulico se reconducía parte del agua de la acequia, a través de una larga canalización subterránea, a un profundo pozo, cuyo fondo estaba por debajo incluso de la misma cota por la que discurría la acequia. El pozo se inundaba de agua desde abajo. En su boca, muy por encima, en el terreno superior de la ladera, había una noria tirada por bestias que permitía subir el agua del pozo y con ella llenar este embalse de «Las Damas». Esta obra hidráulica permitía hacer fértiles otros espacios situados en cotas más elevadas a los terrenos por los que discurría la Acequia Real, como la Huerta de la Mercería.

A comienzos del siglo XV este sistema quedó superado con la ejecución de una nueva obra hidráulica más ambiciosa: el desdoblamiento de la Acequia Real a tres kilómetros de su nacimiento mediante un partidor que dividía el curso de la acequia en un segundo ramal, la «Acequia del Tercio» (llamada así por considerarse que esta era la proporción de agua que se derivaba de la primera). La Acequia Real (que también se conocía desde entonces como de los «Dos Tercios») regaba las cotas más bajas y la del «Tercio» con una pendiente mucho menor recorría las tierras situadas en cotas superiores. El agua de esta segunda acequia permitía además dotar de agua los Albercones sin tener que recurrir a la noria. Una vez bañadas las tierras altas, el agua sobrante de la Acequia del Tercio era reconducida hacia la Acequia Real, ampliando el caudal de esta antes de su entrada en la Alhambra. El acueducto por el que entraba el agua a la ciudadela estaba protegido por la Torre del Agua, construida junto a este en el sector más oriental de la muralla.

ACUEDUCTO DE LA ACEQUIA REAL Y TORRE DEL AGUA

Por este acueducto entraba el agua del Generalife a la Alhambra. Estaba protegido por la Torre, desde la que se vigilaba e impedía que pudiera sabotearse su suministro, tan importante para las necesidades de la ciudadela.

Hoy, muchos siglos después, aquella Acequia del Rey que en el siglo XIII mandó construir al-Ahmar sigue viva, regando con su agua todos los jardines y bosques de la Alhambra e inundando con su sonido todo el espacio.

El Generalife

Palacio y finca de recreo, provista de huertas y monte para la caza e independiente de la Alhambra que utilizaban los reyes nazaríes como lugar de retiro y descanso.

PÁGINA

El Generalife era una finca de recreo, independiente de la Alhambra, utilizada por los reyes nazaríes como lugar de retiro y descanso. Si entendemos la Alhambra, tal y como la conocemos en la actualidad, cuesta pensar que los reyes granadinos que la vivieron, construyeran a tan poca distancia de sus palacios, provistos de bellos estanques, fuentes y jardines, otro palacio y jardines pensados para su sosiego. No hay que olvidar que sus palacios, por bellos que fueran, estaban dentro de un recinto amurallado y cerrado, formando parte de una compleja y bulliciosa ciudad con multitud de habitantes, en la que estaba la corte y se despachaban y administraban los asuntos propios de la política y el buen funcionamiento del Reino de Granada.

Visto así, es mucho más fácil comprender la razón de ser de este hermoso palacio rodeado de jardines y huertas de las que se abastecería la Alhambra. Ocupaba un área muy superior a la que tiene en la actualidad, ex-

Vista del Palacio del Generalife y su entorno

tendiéndose hasta el límite de las montañas vecinas. Fue ideado para cumplir varias funciones: recreo, agricultura, ganadería y coto de caza. La interpretación hoy comúnmente aceptada sobre su nombre es que proviene de las palabras árabes «Yannat-al-arif» que significan «jardín del arquitecto».

Tras la conquista cristiana el Generalife mantuvo su independencia de la Alhambra. Los Reyes Católicos la mantuvieron como una alcaldía propia. En época cristiana fue propiedad particular de la familia Granada-Villegas. Desde entonces se ha mantenido en manos privadas hasta el año 1921, en el que, tras un largo pleito, pasaría a ser propiedad estatal. En esta nueva etapa se llevaría a cabo una gran transformación en su configuración, construyéndose en lo que antes eran huertas unos jardines románticos con fuentes, surtidores, arbustos recortados, cipreses y una ornamentación más al estilo de los típicos cármenes granadinos, que en poco se parecía al estilo rústico, agrícola o de jardín hispano-musulmán de antaño.

El Generalife

Dibujo de Carlos Quintanilla

1. ***Anfiteatro***
2. ***Jardines Nuevos***
3. ***Huerta Colorá***
4. ***Patios de acceso al Palacio***
5. ***Pabellón Sur***
6. ***Patio de la Acequia***
7. ***Pabellón Norte***
8. ***Patio de la Sultana***
9. ***Jardines Altos***
10. ***Mirador Romántico***
11. ***Albercones***
12. ***Paseo de los Cipreses***

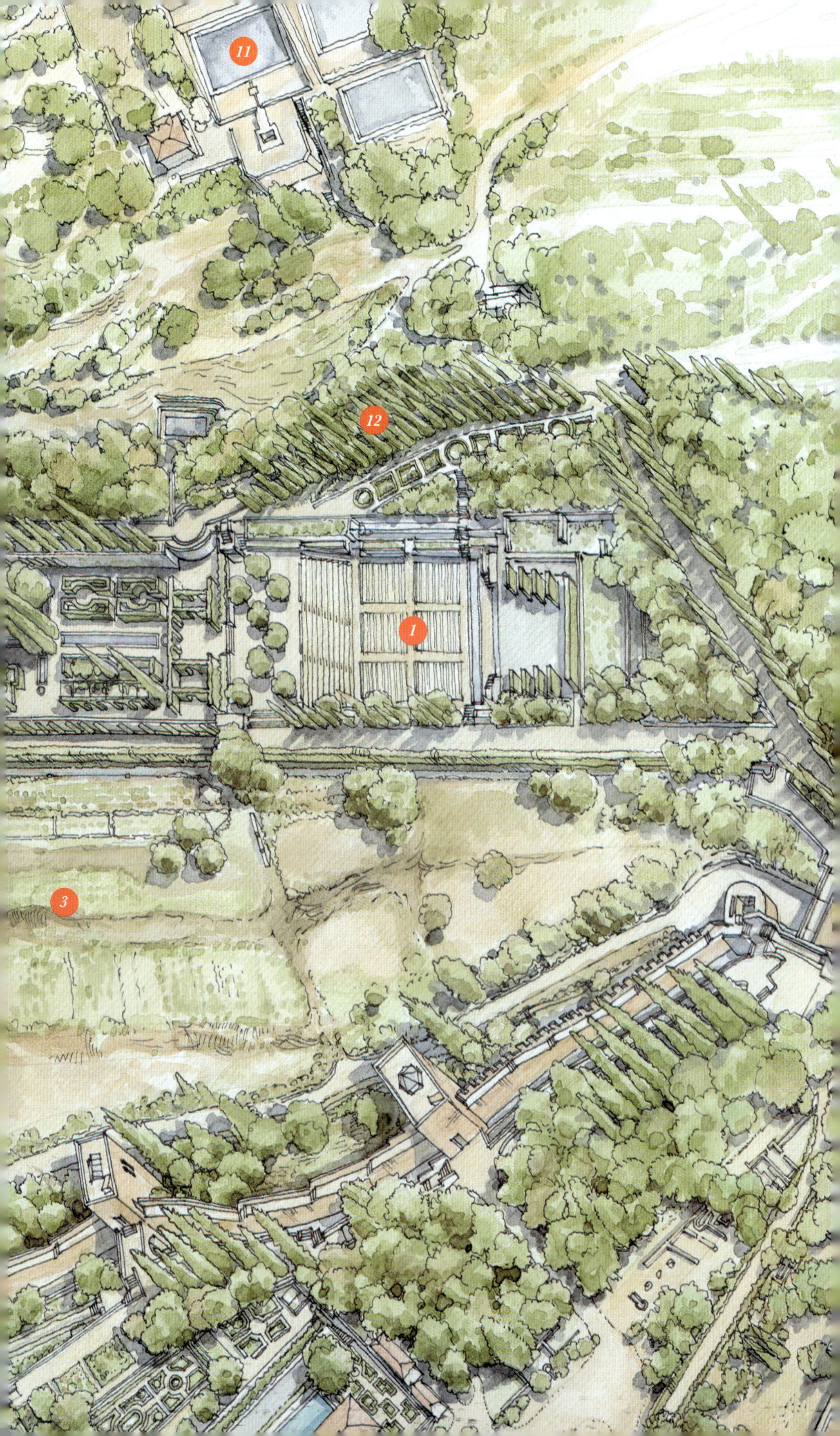
11
12
1
3

JARDINES NUEVOS

Estos jardines fueron una de las grandes reformas que se hicieron en la finca tras pasar a ser propiedad estatal. En época medieval toda esta parte estaba ocupada por huertas, de las que se abastecía la Alhambra. Había al menos cuatro (Mercería, Colorá, Grande y Fuentepeña). La mayoría de ellas han desaparecido o fueron urbanizadas con estos «Jardines Nuevos». Todavía puede contemplarse desde aquí parte de alguna de estas huertas, como

Fuente junto a la alberca de los Jardines Nuevos

Alberca de los Jardines Nuevos

«la Colorá», que nos ayudan a imaginar como sería este amplio espacio en época nazarí.

Los Jardines Nuevos fueron construidos en varios tramos. En ellos priman los cipreses recortados formando paredes y laberintos, las pérgolas y los rosales. Hay también un anfiteatro, recientemente reformado, que se construyó en el año 1952 para los conciertos y representaciones del Festival Internacional de Música y Danza de Granada y que sigue utilizándose con tal fin. La parte central de estos jardines está ocupada por una alberca en la que se intercalan fuentes y cipreses, sobre cuyas aguas flotan los nenúfares. Al frente y a la izquierda, hermosas vistas de la Alhambra y la ciudad coronan todo el recorrido.

El Albaicín y las huertas del Generalife desde los Jardines Nuevos

PALACIO DEL GENERALIFE

Este palacio es el eje central de todo el recinto. Transformado con el paso de los años, en época musulmana fue una auténtica residencia real con todas la comodidades y elementos necesarios para la estancia de los reyes granadinos.

Al palacio se accede a través de dos patios contiguos, el primero llamado del «Descabalgamiento», pues se supone que los emires nazaríes venían a caballo desde la Alhambra y aquí descabalgaban, por eso tiene apoyos para ello y un pilar abrevadero. El patio siguiente es un bello espacio adornado con naranjos y una fuente en el centro. En este, una puerta rectangular con dintel alicatado verde y negro sobre fondo blanco nos da entrada al palacio.

Patio que precede al Palacio

Puertas de entrada al Palacio

Patio de la Acequia, pabellón sur.

Mirador central, en el ala oeste, del Patio de la Acequia.

Rincón del Patio de la Acequia

Vista general del Patio de la Acequia y el pabellón norte

Sala Regia

Ya dentro, el núcleo central del palacio es el PATIO DE LA ACEQUIA. Es la parte más hermosa del recinto y uno de los jardines más célebres del mundo. Con dos pabellones a sus lados norte y sur, está atravesado por «la Acequia Real» y abierto al paisaje por la galería de arcos del ala oeste. Esta galería es una reforma cristiana, pues en época medieval este costado del patio se encontraba cerrado por un muro; la única apertura al exterior era «el mirador central», que conserva la rica decoración y las ventanas bajas propias de la arquitectura y forma de vida nazarí. El ala este es nueva, pues un incendio en 1958 la destruyó casi en su totalidad.

Tampoco son de la época los surtidores que hay a ambos lados de la alberca, incorporados en el siglo XIX y que transformaron en agua sonora la silenciosa y susurrante agua de la acequia musulmana.

De los dos pabellones del patio, el Norte es el más interesante y estaba destinado a los aposentos del rey. Presenta una disposición tradicional con un pórtico de cinco arcos y alcobas adyacentes, en el que el arco central es mucho más ancho que los laterales. Este gran arco central da entrada a una portada de triple arco que precede a la sala regia y al mirador de Ismail I. La rica y profusa decoración de sus estucos nos invita a pensar en la importancia y solvencia de la persona que disfrutaría las vistas de este mirador. Las plantas superiores de este pabellón son una ampliación cristiana de 1494.

Mirador de Ismail I, en el pabellón norte.

Patio del Ciprés de la Sultana

Surtidores del Patio del Ciprés de la Sultana

Este pabellón se comunica con el PATIO DEL CIPRÉS DE LA SULTANA, muy cambiado. Esta parte del palacio en nada se parece a lo que habría en época medieval. Casi la totalidad de sus elementos actuales son cristianos. Se llama así porque, según la leyenda, en el viejo ciprés de este patio, hoy petrificado, sorprendió el sultán Muley Hacén en confidencias amorosas a la sultana con un caballero abencerraje, lo que daría lugar a la matanza de los miembros de esta ilustre estirpe granadina. Presenta una única construcción porticada de 1584 y una alberca en forma de U rodeada de surtidores. El centro lo ocupa una alberquilla sobre la que emerge una fuente. El sonido del agua aquí es casi ensordecedor.

Fuente central del Patio

Jardines Altos

Fuente en los Jardines Altos

Se accede a ellos tras pasar una puerta con dos leones y el escudo de los Mendoza que hay en el «Patio del ciprés de la Sultana», subiendo unas escaleras. Son de estilo romántico y se encuentran en un plano superior al Palacio del Generalife, por lo que las vistas desde aquí son bellísimas. En ellos encontramos magnolios, cipreses, un enorme cedro y plantas aromáticas como arrayanes, jazmines y rosales. Lo más sobresaliente de estos jardines quizá sea la

Puerta de los Jardines Altos y Mirador Romántico

Escalera del Agua

bellísima Escalera del Agua, uno de los pocos elementos nazaríes que se conservan en esta zona. En ella el agua baja como un torrente por los pasamanos, que son huecos y estaban antiguamente decorados por azulejos. Cobijados entre laureles y avellanos pasamos por ella en compañía de los versos de Lorca: «Barandales de la luna donde retumba el agua». La escalera nos conduce hacia el Mirador Romántico, construido en el año 1836 por el administrador de la finca. Algunos autores son de la opinión de que, por su orientación, en este lugar habría antes un oratorio nazarí.

El Paseo de las Adelfas y el Paseo de los Cipreses, completan el recorrido hasta la salida.

Bibliografía general

Bermúdez López, Jesús. *La Alhambra y el Generalife. Guía oficial*. Madrid-Granada, TF Editores-Patronato de la Alhambra y el Generalife, 2010.

Díez Jorge, María Elena; Gómez-Moreno Calera, José Manuel y Galera Andreu, Pedro A. *La Alhambra y el Generalife. Guía histórico-artística*. Granada, Universidad de Granada y Junta de Andalucía, 2006.

Hierro Calleja, Rafael. *Granada y la Alhambra*. Granada, Ediciones Miguel Sánchez, 2004.

Bermúdez Pareja, Jesús. «El baño del Palacio de Comares en la Alhambra de Granada. Disposición primitiva y alteraciones». *Cuadernos de la Alhambra*, nos 10-11. Granada, Patronato de la Alhambra, 1974.

Irving, Washington. *Cuentos de la Alhambra*. Granada, Ediciones Miguel Sánchez, 1976.

Guillén, Rafael. *Granada. Invención del Aire*. Granada, Ediciones Miguel Sánchez, 2006.

García-Fresneda Martínez, Ángeles. *La Fórmula*. Granada, Ediciones Miguel Sánchez, 2009.

Villa-Real, Ricardo. *Homenaje a Granada. Selección de textos poéticos y literarios*. Granada, Ediciones Miguel Sánchez, 1990.

Bibliografía de los monográficos

LOS PUEBLOS MUSULMANES, DOMINADORES DE AL-ÁNDALUS (711-1492). Extraído literalmente de: Hierro Calleja, Rafael. *Granada y la Alhambra*. Granada, Ediciones Miguel Sánchez, 2004.

LOS REYES CATÓLICOS, ARTÍFICES DE LA UNIDAD DE LOS REINOS DE ESPAÑA. Extraido literalmente de: HIERRO CALLEJA, Rafael. *Granada y la Alhambra*. Granada, Ediciones Miguel Sánchez, 2004.

LA CASA HISPANO-MUSULMANA Y LA VIDA DOMÉSTICA. ORIHUELA UZAL, Antonio. *Casas y palacios nazaríes siglos XIII-XV*. Barcelona, Editorial Lunwerg, 1996.

DECORACIÓN Y ORNAMENTACIÓN (I): TÉCNICAS, RECURSOS Y ELEMENTOS DECORATIVOS DE LA ARQUITECTURA ISLÁMICA. Extraido literalmente de: HIERRO CALLEJA, Rafael. *Granada y la Alhambra*. Granada, Ediciones Miguel Sánchez, 2004.

DECORACIÓN Y ORNAMENTACIÓN (II): TEMAS Y MOTIVOS DECORATIVOS MÁS FRECUENTES. Extraido literalmente de: HIERRO CALLEJA, Rafael. *Granada y la Alhambra*. Granada, Ediciones Miguel Sánchez, 2004.

CARLOS V, EL GRAN EMPERADOR DE OCCIDENTE. http://www.biografiasyvidas.com

EL AGUA DE LA ALHAMBRA: LA ACEQUIA REAL. PÉREZ ASENSIO, Manuel. «Intervención arqueológica en un tramo de la Acequia Real de la Alhambra». *Cuadernos de la Alhambra*, vol. 43. Granada, Patronato de la Alhambra y el Generalife, 2008.

CUESTA DE LOS CHINOS
Comunicación con la ciudad (Albaicín)

CUESTA GOMÉREZ y BOSQUE DE LA ALHAMBRA
Comunicación con la ciudad (Plaza Nueva)

PASEO DEL PARTAL Y LAS TORRES →
Conexión interior Alcazaba-Palacios con Generalife

CAMINO DEL SECANO ↔
Conexión interior Generalife con Alcazaba-Palacios

A *Pabellón de entrada Acceso al Generalife Tickets*

B *Acceso a los Palacios*

C *Acceso a la Alcazaba*

1 *Puerta de las Granadas*
2 *Pilar de Carlos V*
3 *Puerta de la Justicia*
4 *Puerta del Vino*
5 *Jardín de los Adarves*
6 *Torre de la Pólvora*
7 *Baluarte del Darro*
8 *Torre de la Vela*
9 *Torre de los Hidalgos*
10 *Puerta de las Armas*
11 *Barrio Castrense*
12 *Torre del Homenaje*
13 *Torre de la Quebrada*
14 *Torre de las Gallinas*
15 *Torre de Machuca*
16 *MEXUAR*
17 *PALACIO DE COMARES*
18 *Torre de Comares*
19 *PALACIO DE LOS LEONES*
20 *DEPENDENCIAS CRISTIANAS*
21 *Torre de las Damas*
22 *Restos del Palacio de Yusuf III*
23 *Torre de los Picos*
24 *Torre del Cadí*
25 *Torre de la Cautiva*
26 *Torre de las Infantas*
27 *Torre del Cabo de la Carrera*
28 *Torre del Agua*
29 *Torre de Juan de Arce*
30 *Torre de Baltasar de la Cruz*
31 *Puerta de los Siete Suelos*
32 *Torre del Capitán*
33 *Torre de las Brujas*
34 *Restos de casas nazaríes*
35 *Parador San Francisco*
36 *Torre de las Cabezas*
37 *Restos del Palacio de los Abencerrajes*
38 *Iglesia Santa María de la Alhambra*
39 *PALACIO DE CARLOS V*
40 *Paseo de los Cipreses*
41 *Anfiteatro*
42 *Jardines Nuevos*
43 *Huerta «Colorá»*
44 *PALACIO DEL GENERALIFE*
45 *Jardines Altos*

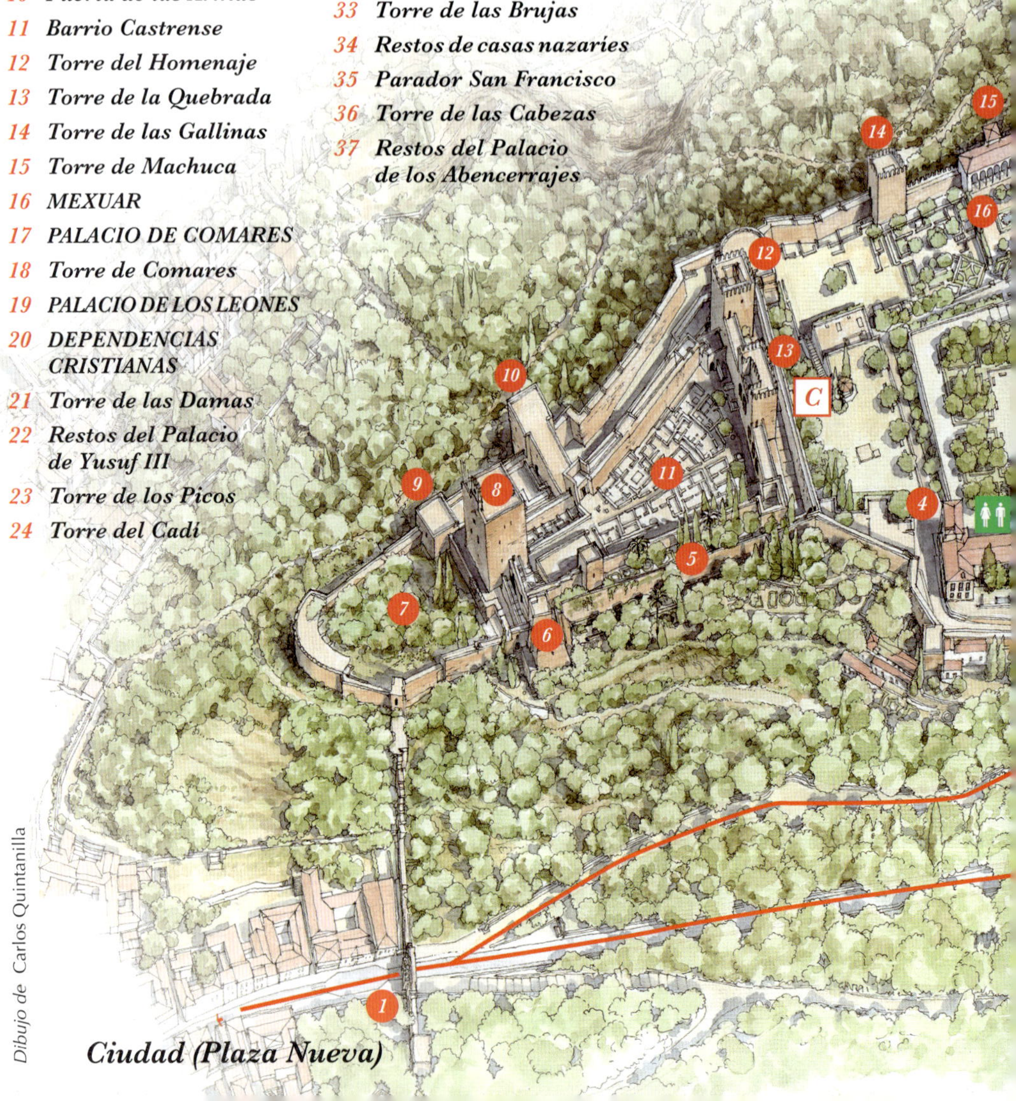

Dibujo de Carlos Quintanilla